新版 取締役の心得

PRINCIPLE OF DIRECTORS

船井総研コーポレートリレーションズ 代表取締役
柳楽仁史

SOGO HOREI PUBLISHING CO., LTD

はじめに

現在、日本国内の事業所数は約577万社にのぼる。そのうち、法人登記されている従業員10人以上の法人企業は42万社。この大半が中小企業で占められている。

私はこれまで経営コンサルタントとして数多くの中堅・中小企業と関わってきた。そして、その経験から、こうした企業の業績が社長の右腕・左腕たる取締役の考え方や力量によって、大きく左右されることを実感してきた。

もちろん、企業の業績の大部分はトップである社長次第で決まる。しかし、社長を支える取締役がしっかりしている会社は、経営が安定し、業績も伸びている。

たとえば、創業間もないベンチャー企業は組織が未成熟で、社内で多くのコンフリクトや矛盾が毎日のように生じる。それを収めながら組織の土台を地道に作っていくのは取締役の役割である。

また、中小企業の場合、社長自身がトップセールスであることが少なくない。そうした会社では、トップが取ってきた案件を現場に落として遂行させるのが取締役の仕事となる。

トップの得意領域がマーケティングやセールスであれば、マネジメントや組織作りを取締役が役割として担っていく。トップと取締役が両輪で機能している会社は、おしなべて経営がうまく回っている。

私が所属する船井総研グループは、東証一部上場の国内最大級のコンサルティングファームであるが、社員数にしてみると1000人前後にすぎず、規模的には大企業というにはまだ程遠い。したがって、私自身の実体験に基づく「生々しい中小企業の取締役像」をお伝えできると思っている。

だからといって、本書が大企業の取締役やそれに準ずる方々の参考にならないわけではない。企業の規模の違いによって求められる取締役像の差異はあるだろうが、大企業といえども、事業や機能は細分化されたユニットで成り立っており、本書を参考にしていただける部分は大いにあるだろう。

【本書の狙い】

社員と取締役は法律的な立場が大きく異なる。部長（管理職）と取締役はたいへん近いようで、実はまったく違う。取締役になると、社員とはまったく異なる視点、スタンスが求められる。ところが現実には、事前に訓練や教育を受けないまま取締役になってしまうケースがほとんどである。そのために管理職の視点のまま、手探り状態で取締役の任務に向かうことになる。

実際、私が見てきた中で、取締役になったものの「一体何をすればいいのか」と戸惑っているうちに、四半期、半期が過ぎ、「**管理職としては優秀だったが、取締役としては無能だ**」という烙印を押されてしまった人も何人かいた。

また、「俺は今日からエグゼクティブなんだ！」という勘違い発言や行動によって、会社や自分自身をダメにしてしまう人もいた。はたまた、取締役として経営陣に加わった途端にトップと対立してしまう人もいた。つい力んでしまい、なんでもかんでもトップに噛《か》みついてしまうのである。

上級管理職として輝いていた人が、取締役になって輝きを失ってしまう。そんな事態は避けなければならない。

取締役に抜擢されるのは、間違いなく優秀な人だろう。事前に正しい知識を得て、取締役としての心構えを持てば、うまくいくはずだ。それがうまくいかないのは、取締役のあるべき姿を学ぶ機会が少ないことに問題がある。

一般社員や管理職向けの研修プログラムや情報などは巷《ちまた》に溢《あふ》れている。しかし、取締役としての最低限の知識を学習するための機会は非常に少ない。同様に、法律的観点から取締役の法的義務を解説する書籍はたくさんあるが、これから取締役になる人が持つべき視点や心構えについて触れた書籍は非常に少ない。

そこで本書では、取締役のコンプライアンス上の義務や責任については「これだけ知っておけば十分」という最低限の範囲で説明するにとどめた。そのかわり、これからの組織に求められる取締役像や、取締役が遭遇する様々な場面や難局の対処法について、自らの経験の範囲でお伝えする。

本書は、すでに取締役としてご活躍中の方々、あるいは取締役に任命されて間もない方々、これから取締役を目指そうとしている方々を主にターゲットとしている。同時に、経営者がご自分の右腕・左腕に「読ませたい本」も目指している。

【新版出版にあたり】

本書はベースとなった『取締役の教科書』も含めると、約10年にわたりロングセラーとして多くの方々に読み継がれてきたが、この間に社会における企業のあり方や役割は大きく変わってきた。

社会や世間が企業に向ける目は以前にも増して厳しくなり、企業の社会的責任はかつてとは比べ物にならないくらい重く厳しくのしかかっている。

また、これから本格突入する人口減少社会において生き残るには、既存市場でのシェアアップのみならず、新事業や新市場への参入などの様々な新しい取り組みにチャレンジしていかねばならない。

それらを実行に移すには、人材の確保が企業の生命線であり、働き方改革・生産性向上・女性登用などの課題といっそう真摯《しんし》に向き合う必要が生じている。

こうした潮流のなか、取締役が果たすべき役割も大きく変わってきており、取締役の意識と行動にも変革が求められている。

このような背景から、必要な加筆修正を加えて新版として出版することとなった。

２０１８年８月

柳楽仁史

目次

第3章 法律論からみた取締役の役割

第4章

取締役を待ち受ける「落とし穴」と「巧妙な罠」

第5章

こんなとき、取締役はどうするか？

第6章 トップと取締役の人間関係学

第7章 できる取締役の共通要素

装丁&本文デザイン　和全(Studio Wazen)
本文DTP&図表作成　横内俊彦
校正　矢島規男

第 1 章

取締役とは何か？

あなたが持っているもので、
あなたがいる場所で、
あなたができることをやりなさい。

セオドア・ルーズベルト（アメリカ合衆国大統領）

1 「取締役就任＝ゴール」と考えてはいけない

❖取締役就任は喜ぶべきことか？

取締役は勤め人としては最高の到達点である。多くのビジネスパーソンが取締役を目指して日夜努力し、コツコツとキャリアを積み重ねていることだろう。理不尽な上司にも忠誠を尽くし、生意気な部下に手を焼きながらも、ひたすら会社と顧客のために尽くしていく。そして管理職となり、その中で成果を積み重ね、ようやく取締役の座を射止める。取締役就任はビジネス人生のひとつの「証」と考えていいだろう。

しかし、取締役就任をゴールだと考えてはならない。むしろ、そこから新たな、しかも難易度の高い持久戦が始まると考えるべきだ。また、取締役に就任するのは、課長や部長に昇格するのとは意味が大きく違う。背負っていく責任や使命の重さを考えれば、必ずしも喜ぶべきことばかりではないのだ。

❖取締役と部長の違いを知っていますか？

繰り返すが、取締役は部長や課長などの一般管理職とは大きな違いがある。

まず第一に、「会社との契約形態」の違いである。

課長や部長などの管理職は、担当部門に関する責任を少なからず負っているとはいえ、あくまで会社と「雇用契約」を結んだ従業員である。極端な言い方をすれば、会社との雇用関係という意味では、新入社員と同じである。

それに対して、取締役と会社との関係は「**委任契約**」であり、雇用関係は存在しない。取締役に就任した時点で、従業員としてはその会社を退職した扱いになる。

では、会社と取締役の間に交わされる委任契約とは何か？

「一般人では対処できない専門的な事柄を専門家に依頼する契約」

これが委任契約だ。たとえば、経営コンサルタントに事業戦略の策定を依頼したり、弁護士に法律上の問題を相談するのが委任契約である。

この委任契約が雇用契約と最も異なる点は、**「相互解除の自由」**にある。雇用契約では、従業員（労働者）は労働法によって一定の権利が保証されている。合理的な理由がない限り、不利益な扱いを受けたり、クビを切られることはない。しかし、委任契約に基づく会社と取締役の関係は、雇用側と被雇用側（労働者）のそれとは異なり、労働法による保護は適用されない。株主総会や取締役会で解任動議が発動され、可決されてしまえば、「明日からサヨナラ」となる。

また、**経営責任**を問われるのも従業員との大きな違いである。取締役には結果責任がある。もちろん部長や課長も成果を出せなければ降格や左遷がある。しかし、リベンジの機会もあるので、降格しても再挑戦して復帰することができる。

しかし、取締役は解任されたらおしまい。しかも、解任されるだけならまだしも、株主代表訴訟により株主から損害賠償請求されることもあり得る。

のっけから脅すようだが、取締役になることがいいことずくめではないことを、最初にお伝えしておきたい。

これから取締役を目指す方々には、経営陣に名を連ねる責任の重さ、従業員との違いを認識した上で、「取締役」という立場を拝命していただきたい。そうでないと、会社だけでなく自分自身も痛い目に遭う危険がある。

❖取締役ほどやりがいのある仕事はない

とはいうものの、**正しく責任や役割を認識した上で任務にあたるならば、これほど充実した役割はない**のも事実だ。

会社経営に経営陣（ボードメンバー）の一角として参画し、自らの提案や意思決定に基づいて組織を動かす醍醐味は、課長や部長では決して味わうことができない。その成果が会社の業績としてあらわれ、株主や従業員、そして自らに利益をもたらす結果となれば、その達成感は一層大きなものとなる。

もちろん、何をもって達成とするか、また何をもって成功とするかは人それぞれ異なる。重要なのは、**自分なりの達成目標や成功イメージを明確に持って、取締役という大役に挑んでいく**ことだ。

夢や理想、ビジョンを抱いてこそ、苦境にあっても前向きに生きることができる。リスクや重責をしっかりと受け止めつつ、一方で「**いつかこんな会社にしたい**」といったビジョンや理想を掲げる。リスクや重責を上回るビジョンや理想がそこにあれば、たとえ大変であっても、大きなやりがいを伴うのが取締役の仕事だと思う。

POINT

取締役は部長や課長などの一般管理職とは違う。経営陣の一員として重要な役割を担う存在である。

2

取締役がしっかりしている会社は長期的に安定して成長している！

❖トップ（社長）と取締役は二人三脚の関係

国税庁の発表によると、法人税申告をした企業のうち、黒字申告の割合はわずか3割強程度にすぎない。したがって、残りの約7割弱の企業は赤字ということになる。これは不況時だけの話ではない。比較的好況時においても、それに近い数字が出ている。それだけ企業が黒字を捻り出すのは難しいということである。

では、利益を出している約3割の会社と、約7割の赤字の会社にはどのような違いがあるのか。とりわけ利益を出している会社の取締役は、どんな考え方、行動で会社を支えているのか。

サンプル数としては充分と言えないかもしれないが、これまで私が見てきた「儲かっている会社」から共通項を抜き出すと、そのような会社の多くは、**強烈なビジョンと哲学を持ったトップ（社長）がいて、優秀な取締役が実務面でしっかりと支えていた**。両者が必ず二人三脚で走っているのだ。逆に、トップと取締役が一体化していない会社で、うまくいっている例はあまり見たことがない。

❖急成長ベンチャーが存続するかどうかは取締役次第？

「会社というのはトップで99％が決まる」

これは船井総研グループの創業者である故・船井幸雄の考え方である。

もっとも、トップ（社長）がいくら優秀であっても、取締役がその熱い思いやビジョンを理解して、実行に移さなければ、それは絵に描いた餅に終わってしまう。

また、社長とて完璧ではなく、時には間違った独断に走ってしまうこともある。それを勇気を持って牽制する取締役の存在が不可欠となる。さらにトップや他の取締役の足りない部分を補うのも取締役の重要な役割と言える。

ベンチャー企業の黎明期には、トップ一人のカリスマ性やリーダーシップによって組織がぐいぐいと牽引されることが多い。しかし、たった一人の人間の能力や判断に依存した経営には限界がある。やがて成長が止まり、崩壊に向かってしまう。

急成長したベンチャー企業が急に失速するケースも、ここに原因がある。トップ一人が優秀で力があればあるほど、それ以外の取締役は盲目的に従い、自ら考えることをやめてしまうのだ。

「社長の言うことさえ聞いていれば、会社も自分の地位も安泰だ」という社風が根づいて、周囲の取締役たちがトップの言うことに過剰適応するようになってしまうのだ。もちろん勢いのある間は一枚岩の長所が発揮されて、順調に成長していくだろう。しかし、事業の規模や範囲がトップの力量を超えた瞬間、会社は崩壊もしくは衰退のプロセスに突入してしまう。

ワンマン経営から組織的経営への脱皮に成功した企業の多くは、カリスマリーダーの牽引力で成長している間に、その右腕・左腕たる取締役が組織の基盤作りをせっせと行っている。こうした企業だけが、存続への切符を手にするのだ。

POINT

社長がいくら優秀で思いやビジョンを掲げていても、取締役がそれを理解して実行しなければ、実現しない。

本章のまとめ

・取締役就任を〝ゴール〟と考えてはいけない
・取締役は会社との間に「委任契約」を結んでいる
・取締役は経営責任を問われることがある
・取締役は経営陣の一員として、大きなやりがいがある

第2章

組織論からみた取締役の役割

重役とは、未知への探求をする役である。
重役が未知の探求をしないで後始末ばかりしている掃除屋であってはならない。

藤沢武夫（本田技研工業副社長）

1 トップのビジョンと思いを理解する「参謀役」

❖名リーダーの陰に必ず「名参謀」あり

「取締役の役割を一言で言うと何ですか？」

こう問われたら、私は真っ先に「参謀」と答える。歴史上の名将の傍《かたわら》には、必ず名参謀の存在があった。たとえば、豊臣秀吉には竹中半兵衛や黒田官兵衛という軍師が、上杉家には直江兼続などの家臣がいた。

日本の伝説的経営者の傍にも、その強烈な熱意やビジョンをカタチにした名参謀の存在があった。たとえば、本田技研工業創業者にして技術屋の本田宗一郎と藤沢武夫、松下電器（現パナソニック）創業者の松下幸之助と高橋荒太郎などは、経営の名コンビとして今なお語り継がれている。トップと参謀が互いに協力して企業を成長へと導くケースは大企業に限ったことではなく、もちろん中小企業にも数多く見られる。

❖参謀に求められるスキルは具体的な戦略の立案

国家や大企業のような巨大組織は別として、中小企業の大半はトップである社長のビジョン、夢、あるいは危機感などによって突き動かされている。あるいは、社会から与えられた使命や顧客ニーズに応えるべく自らの変革を継続している。

いずれにせよ、「生きている組織」には一人の強烈なトップがいて、その周囲を支える参謀が存在する。どんなに優秀な長でも、一人で組織を率いることはできないし、自らのビジョンや戦略を実行に移せない。悩むこともあるだろうし、いざというときに心から信頼できる相談相手も必要である。

「参謀」とはもともと軍事用語で、必要な情報を収集・分析して指揮官に対して戦略提言を行う者のことを指す。トップの意思決定とその実行を補佐するのが役割であり、これが転じて企業における社長の右腕・左腕を指すようになった。

成功している創業経営者に共通しているのは、ケタはずれに壮大な思いを抱き、しかもそれを本気で実現しようと強く念じているところだ。大きなビジョンとその実現に向けた執念だけは誰にも負けない。これが経営者の必要条件だ。ただ、**どんなに大きな夢でも、具体的な戦略なくして実現は不可能**であるが、壮大なビジョンを描く人が意外にもこの能力を持ち合わせていないことも少なくない。理想を思い描く力や信念は強くても、理想と現実との間を埋める戦略立案とその遂行に長《た》けているかどうかは別問題なのだ。

そのような経営者が名参謀を得たらどうだろうか。理想を現実に至らしめる具体的戦略を立て、それを実行組織に落とし込める参謀と組んだら、もはや夢は夢でなくなる。

筆者自身も、グループ関連企業の社長を拝命して早数年が経つが、この参謀という存在のありがたみや必要性をあらためて痛感している。自分が役員として経営に関わっていたときよりも、この実感は一層強いものとなった。

❖参謀としての取締役がなすべきことを知る

一方、参謀型の人にとっても、強烈なビジョンや思いを持った人と組むことで自らの能力が生かされ、才能が開花する機会を得る。どんなに優れた参謀タイプの切れ者でも、強いビジョン、執念がなければ、その頭脳が事業に生かされることはない。

企業再生の専門家である越純一郎氏は、再生実務家（ターンアラウンド・スペシャリスト）について、著書『企業再生要諦』の中で、こんな例え話を語っている。「ブタとニワトリ」の話だ。簡単に説明しよう。

ブタとニワトリが旅人をもてなすことになった。ニワトリは卵を産んで、それを調理してもてなす。しかし、ブタは卵を産むことができないので、自分の身を切らなくてはならない。ニワトリがコンサルタントで、ブタが取締役と考えていただきたい。ニワトリは外部から雇った参謀であり、外部からの投薬しかできない。それに対してブタ（取締役）は、自らの身を削って内部から組織を変革する。

「日本で圧倒的に不足しているのは、ブタ型だ」

と越氏は主張している。取締役はそうあるべきだと。

コンサルタントとして、クライアント企業を訪問する回数は月にせいぜい2、3回しかない。そこで提供できるのは、参考となる成功事例やフレームワーク、事業のヒントなどに限られる。実際にそれを実行に移したり運用するのは、企業内部にいるリーダーと現場の社員たちである。彼らが本気で当事者意識を持って実行しない限り、コンサルタントがいくら外部から「素晴らしい提案」を投げ込んでも、何も動かないし、成果も出ない。現場のスタッフが結果にコミットして、額に汗を流して七転八倒の試行錯誤を繰り返しながら一歩一歩進んでいく。こうした初動を喚起し、継続させ、定着させられる中心人物は、コンサルタントではなく取締役をおいて他に存在しない。

以下に参謀としての取締役のなすべき仕事を挙げてみよう。

①　トップのビジョンや思いを深く理解する

②　トップのビジョンや思いが組織（会社）の存在意義や事業目的に適っているか考

察する
③ トップのビジョンや思いを実現するための仮説を、論理的思考をもって考察する
④ 検証された仮説を実行に移す営業戦略・組織戦略を立案し、トップに提案する
⑤ 戦略を実行に移す上での計画・目標を設定し組織に展開する
⑥ ＰＤＣＡサイクル（※）を運用する

※ＰＤＣＡサイクル
「ＰＬＡＮ（計画）」「ＤＯ（実施・実行）」「ＣＨＥＣＫ（点検・評価）」「ＡＣＴＩＯＮ（処置・改善）」の４段階を一つのサイクルとし、このサイクルを回し続けることによって継続的な業務改善を図るという考え方。

POINT

取締役が果たすべきなのは社長の「参謀役」であり、具体的な戦略立案能力が求められる。

2 実行部隊を率いる「統率者」

❖取締役の重要な仕事は現場のリーダーを育てること

取締役は、会社法では経営陣の牽制役・監視役としての役割が強調されているが、実際の会社運営においては、取締役会で決定された事項の「**執行役**」としての役割のほうが大きい。

参謀役としてどれだけ精緻な戦略や計画を提案しても、実行できなければそれは絵に描いた餅にすぎない。決定した計画を実行に移すのは、取締役の最も重要な役割である。

ここに2つの有名な定理がある。1つはアルフレッド・チャンドラーが展開した「組織は戦略に従う」(Organization follows strategy.)という説。そしてもう1つは、イゴール・アンゾフの「戦略は組織に従う」(Strategy follows organization.)という、一見真逆ともとれる説である。

前者は、「戦略の選択によって組織構造が規定される」と説いている。

一方、後者は「どんなに秀逸な戦略が策定できても、それが実行できなければ意味がない」と説いている。新たな戦略が策定されても、その遂行には大きな変革を伴うために組織の抵抗に遭いやすく、結果的には実を結ばないことが多いという説である。

この2つの説は一見矛盾しているようだが、両者から導かれる結論が1つある。すなわち、「**組織と戦略は互いに影響し合うものであり、その相互作用を通じて形成されていく**」ということだ。

「**実行力を伴う取締役**」とは、優れた「実行組織」を率いる取締役のことである。外部環境や自社の実力を見極めつつ、力相応に一番を狙える領域において実行可能な戦略を立て、それを組織に落とし込んで成果を追求していく。これが取締役の仕事である。

それには取締役の意向を理解して具体的計画を作成できる有能なリーダーの存在が不可

欠であり、彼らとの信頼関係を維持することこそが、取締役にとっては生命線となる。

❖取締役と一般管理職のリーダーシップはここが違う

有能な実務リーダーとその実行部隊を率いるには、取締役自身のリーダーシップと人望が問われる。ここで認識すべきは、**取締役には一般管理職とは次元の異なるリーダーシップや人望が求められる**ということだ。

リーダーシップは、職位が上がるほどより厳しい周囲の評価に晒《さら》される。組織の上位者ほど大きな裁量と権限を与えられるので、それらを正しく行使する判断力や器が「備わっていて当たり前」とみなされるのは当然であろう。経営者や取締役といった上位階層の役職者は、これを常に意識しておくべきである。

実際、政治の世界でも、徐々に頭角を現した政治家が民意に支えられて大臣になった途端、失言や不可解な行動を繰り返した挙句、「こんなにも人徳のない人だったのか」という失望を買うケースが少なくない。

取締役になったからといって、自動的に器量や人間性が備わるものではない。それを肝に銘じて、「自分に足りない分」を意識して、埋める努力をしていく必要がある。

❖取締役に求められるリーダーシップとは？

取締役に求められるリーダーシップとは、果たしてどんなものだろうか。私なりに以下の6つの項目に整理してみた。

①顧客や社員の重要な声をトップにわかりやすく共有する力（情報共有力）
②トップのビジョン・方針を明文化し、組織に伝達する能力（方針展開力）
③戦略を実行に移すための目標と計画の構築能力（KPI設計力）
④KPIを組織に浸透させ実行させる力（実行力）
⑤現場管理職のPDCAサイクル運用をサポートする能力（PDCA運用力）

⑥ 戦略を実行する上で必要な経営資源の調達能力（資源調達力）

前半の①～③は「**戦略構築力**」、後半の④～⑥は「**実行力**」と言える。これらはいずれも不可欠な要素ではあるが、重要なのは両者のバランスである。この実行力は「**パフォーマンス補助力**」と「**メンテナンス力**」の組み合わせによって成り立っている。

パフォーマンス補助力とは、メンバーがパフォーマンスを発揮して目標を達成するように導くためのあらゆるアクションを指す。時には自ら率先垂範で手本を示したり、動機付けや叱咤激励を行う必要がある。

メンテナンス力とは、組織メンバーに対する配慮や気配りのことである。達成意欲の高さゆえに疲弊しているメンバーに優しく声をかけ、目標や意欲を見失ったメンバーがいたらコーチングのスタンスでフォローする。

これらは主に現場リーダーやミドルマネジメントの役割ではあるものの、彼らに任せきりにして社員一人ひとりへの関心が薄れてくると、途端に組織全体のマネジメントが効かなくなるので要注意だ。

やはり**人間というのは、自分を認知し気にかけてくれる相手の言うことに応じようとするもの**だ。管轄組織の規模が多少大きくなろうとも、500名くらいまでであれば、メンバーの顔と名前は全員一致させておくべきである。これは、取締役としてビジョンや方針を組織全体に浸透させる上で大切なことである。

現場に降りることなく、高台のコックピットからリモート・コントロールで組織を動かせると思い込むのは、いささか危険な勘違いである。取締役になっても、リーダーシップやマネジメントにリモコンは存在しないし、そもそも社員は心と感情がある人間であって、ラジコンカーや将棋の駒ではない。

POINT

取締役に必要なのは、戦略の立案能力だけでなく、決定した計画の実行力とリーダーシップである。

3 管理職の育成とマネジメントを行う「教育者」

❖取締役は次世代の管理職を育てなければならない

前項でも述べたように、取締役の役割は参謀にとどまらない。参謀として策定・提案した戦略を実行するのも取締役の役割である。そのためには、実行部隊である組織を維持するだけでなく、それを変化に適応させつつ動かさねばならない。それには優秀なミドルマネジメントを育成し、彼らとの信頼関係を築かなければならない。

あくまで取締役の執行力は、部下の能力や意欲、そして彼らとの信頼関係によって担保されていることを忘れてはならない。

したがって、取締役には、**次世代を担うミドルマネジメントを見出し、育てる能力**が求められる。自らがリーダーとして部下を率いてきたように、その役目を次世代のミドルマネジメントに引き継いでいかなければならない。

どれだけ人心掌握に長けた人でも、自分一人でマネジメントに深く関与できる人数は限られる。市場別ないしは機能別のユニットに責任者を配置し、共通のビジョンや目的のもとに彼らが組織の長として動きやすい環境を整え、万が一困ったときにはフォローする。こうしてミドルマネジメントが育つのを根気よく見守るのである。

ミドルマネジメントの存在を否定したり、彼らをないがしろにして自分の立場を顕示《けんじ》するような〝不用意な介入〟はできるだけ控えるべきであろう。ただ、実際にはなかなかこれが難しい。「やっぱり私がいないとダメだな」と、自分の存在感を誇示するかのような中途半端な介入をしてしまう取締役も実際には少なくない。これではミドルマネジメントは育たない。そればかりか、彼らと信頼関係すら築けないので、組織はバラバラになってしまう。

現場への具体的な指示はミドルマネジメントにできるだけ任せて、各業務の全体像や進《しん》捗《ちょく》を俯瞰《ふかん》するように努める。現場の状況は大まかに把握しつつ、自らは取締役として最もコミットすべき「**未来の価値創造**」へと軸足を移すべきである。

こうした役割分担を機能させることが、将来のミドルマネジメント育成につながり、ひいては会社の未来を創っていくことにつながるのだ。

❖最初の仕事は、責任を手元に残して、権限を委譲すること

取締役が最初に意識すべきは、この「**任せること**」である。しかし、実際には、この「任せる」というのは想像以上に難しいものだ。自分が大切にしてきた仕事ほど、それを部下に委譲するのは、物理的にも心情的にも様々な不安が伴うものだ。こうした取締役自身の現状維持志向がスムースな権限委譲を妨げているケースのほうが実は多いかもしれない。

「任せて本当に大丈夫か？」という不安ならまだしも、「これまで握っていた手綱《たづな》を放したら、コントロールを失ってしまうのでは？」とか、「この仕事を渡してしまったら、自

分が主導権を握れなくなるのでは？」という既得権限への固執心理が、権限委譲を先延ばしにして組織を停滞させるのである。

ミドルマネジメントに委譲すべき権限や実務をいつまでも手放さない取締役は、日々目先の仕事に追われることになり、取締役としてコミットすべき「未来の価値創造」に時間を割けないまま任期を漫然と過ごすことになる。**新たな価値創造ができない取締役は早晩、解任または次の株主総会で任期満了となる。**

こういう「**任せず手放せずの取締役**」を過去に何人も見てきたが、その部下たちは本当に気の毒だし、何より、かつて優秀だった人がなまじ取締役になったがばかりに、かえって引退時期を早めてしまうのは、やはり気の毒であり、忍びがたいものである。

また、こうした「人に任せられない取締役」は、周囲に迷惑をかけているということに、当の本人はあまり気がついていない。そればかりか、「自分がすべてを背負って頑張っている！」と勘違いしている人すらいる。何より問題なのは、その勘違いにまったく気づいていないところである。

判断事項や承認フローを自分に集中させ過ぎて、素早い判断が求められる重要事項を滞留させたり、それらを正しく判断できなくなってしまったりするのだ。ひどい場合は内容をろくに確認もせず、ワークフローシステム上で「一括承認」のボタンをポンと押して通してしまう。

このように、「重役の権限固執」によって組織の上層部にボトルネックが生じていても、そのことを指摘したり諫言《かんげん》できる人は少ないために、「**取締役のボトルネック化状態**」というのは、意外にどの組織においても生じやすいのだ。

すでに取締役に就任されていて、もし自分自身がこれに近い状態に陥っているとしたら、早めにその認識を改めることをお勧めする。自分のところに承認事項や実務が集中しているのは、決して優秀だからではない。ミドルマネジメントを育て、任せるだけの能力と器が自分にないことを自戒すべきである。

❖組織の発展は管理者の育成にかかっている

一定規模を超える組織を動かし、かつ成長させるポイントは、「**何人のミドルマネジャーを育成できるか**」にかかっている。

取締役のマネジメントは、「自分が何かをすること」よりもむしろ、「**目的達成に向けてミドルマネジャー以下に自主的に動いてもらうこと**」と考えるべきであろう。

会社や部門のビジョンや目的に基づき「何をなすべきか」を明確にし、それが実行に移されるように働きかけを行う。それを実行できるミドルマネジャーを育成し、彼らとその部門による価値創出やイノベーションをバックアップしつつ、必要な権限と裁量の委譲を推進する。これが取締役のマネジメントである。

自分自身が初めての管理職になりたてだった頃のことを思い出してみよう。

優秀な営業マンや技術者が、管理職になった瞬間に輝きを失ってしまうことはよくある。最初から一人前のリーダーが務まるわけではないし、ましてやまともな判断や采配などできるはずもない。初めのうちは、誰しも自分の仕事をこなすのが精一杯で、「人を育てること」や「判断すること」にまで意識がいかないのだ。

「教育」とは読んで字のごとく、教えて育てること。今はまだできないことを、知識や情報を与えつつ、体験を通じてできるようにしていくことである。ある親しい経営者から「**教育とは流れる水底に字を書くようなもの**」という話を聞かせてもらったことがある。

そのくらい、人を教え、体験を通じて育ってもらうということには、相当な根気と心意気が求められる。

おそらく読者の方々も、初めは上司や先輩から、管理職としてなすべきことを盗んでいたことだろう。そういう師事すべき人に恵まれなかった人は、自分なりに悩み、セミナーや書籍などから管理職として必要なスキルや考え方を吸収していったはずである。

それでも幾度となく壁にぶつかって悩み、その度に自己変革によってそれを克服していく。こうした自己変革と挫折の繰り返しによってのみ、一人前のマネジャーへと育っていくことができるのである（図1）。

❖「自分で考える」管理職を根気よく育てる

まだ新任の仮免管理職は、与えられた経営資源（特に部下）を潰《つぶ》したり、上席の取締役に暴言を吐いたり、逆にゴマ擦りを増やす人もいるかもしれない。しかし、そのような未熟な見習い管理職の中から、将来のミドルマネジメントを根気強く育て、発掘していかなければならない。

■図1　管理職の成長と自己変革のステップ

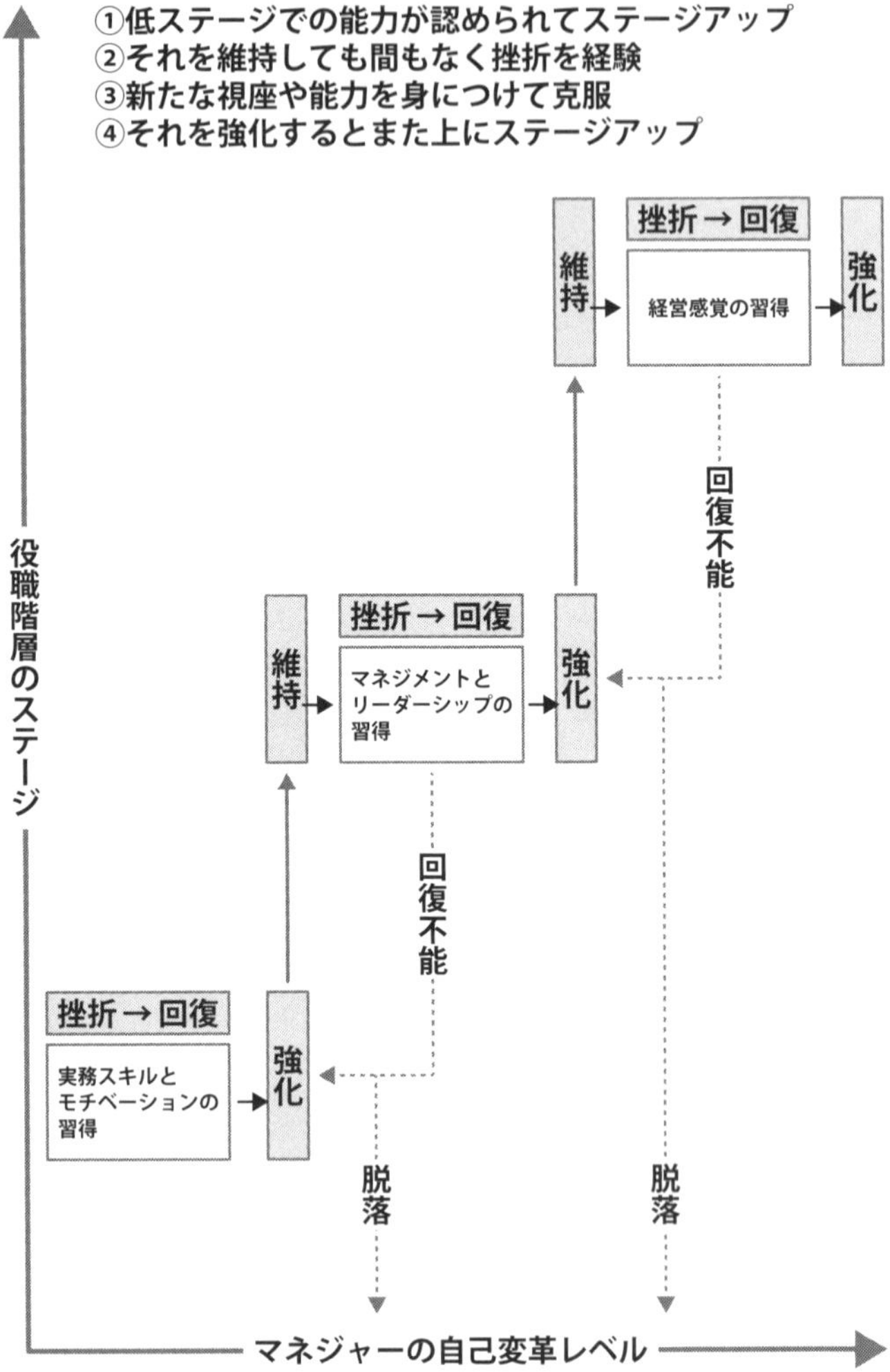

「過信で調子に乗っている者はしっかりと叱り、自信を失った者はフォローする」

これは日本電産の永守重信社長のリーダー育成指針である。

管理職を育成する上で最も大切なのは、上役の「**任せる器量**」であることは先に述べた。この任せることによって期待するのは、各セクションの責任者たる管理者が、仮説構築力・判断力・遂行能力などを、必要十分なレベルまで体得していくことである。

「困ったら私になんでも相談しなさい」と声をかける重役もいるが、本当に困りごとをすべて引き取って解決してしまったのでは、いざ大きな課題に現場が直面した際にそれを乗り越える底力が管理職に備わらない。時には突き放すことも、強いリーダーを育てる上で必要な場面もある。

こうして、不測の事態やトラブルにも自分で対応できる足腰の強い管理者を育てるのは手間と時間を要するが、その恩恵を受けるのは彼らを育てた取締役である。

自分の描いたビジョンや戦略、計画を実行に移せる組織を持つことで、取締役としての力を持つことになる。

いつまでも「力不足な現場の管理職にやらせるよりも、自分でやったほうが確実だし早い」などと言っているようでは、取締役失格である。右腕・左腕となるリーダーを育てなかったツケは、後に組織の拡大過程で間違いなく重い足かせとなる。

❖リーダーシップとマネジメントの使い分け

リーダーシップとマネジメントが混同されているケースが少なくない。これらが別物であることにあらためて触れておきたい（図2）。

前項でも述べたように、リーダーシップとは、「**組織の使命や目的を果たすための目標とその達成計画を自ら定め、これを組織に周知徹底し、自らの率先垂範により組織を動かし、組織を目的の達成に導くこと**」である。

「①目標と計画の設計→②率先垂範を伴う初動喚起→③指示・伝達・統制」

これをリーダーシップの大まかな枠組みとしよう。

だとすれば、一方のマネジメントは、「**組織メンバーの能力や長所に応じた役割を与え、その努力や成果を認めることで彼らの自主性と積極性を喚起しつつ、目的を達成するための進捗管理とフォローを行うこと**」である。

■図２　リーダーシップとマネジメントの違い

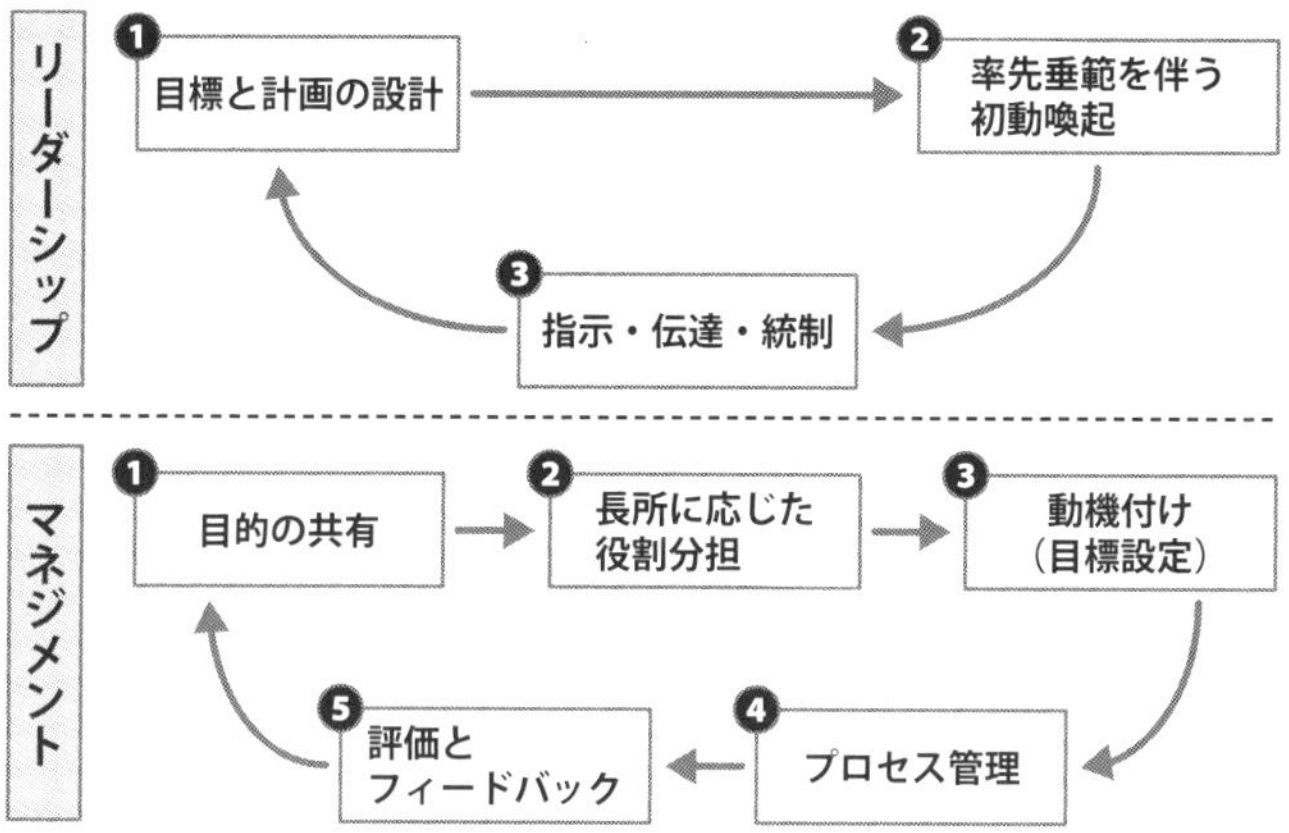
リーダーシップ
1 目標と計画の設計
2 率先垂範を伴う初動喚起
3 指示・伝達・統制
マネジメント
1 目的の共有
2 長所に応じた役割分担
3 動機付け（目標設定）
4 プロセス管理
5 評価とフィードバック

「①目的の共有→②長所に応じた役割分担→③動機付け（目標設定）→④プロセス管理→⑤評価とフィードバック」

これがマネジメントの大まかな枠組みになる。

もちろん、これに関しては諸説あるにせよ、少なくとも「**リーダーシップとマネジメントは一対で動かす必要がある**」ということに関しては、異論を挟む余地は少ないであろう。

新任の仮免管理職が陥りやすいのは、

①自分で動くだけで部下に仕事をやらせきれない

②自らリーダーシップを発揮することなく、部下のノルマ管理に走ってしまう

という2つのパターンだ。

特に②に関しては、「仕事内容を管理する」だけならまだしも、「部下の人間性や個性まで管理する」というところまでエスカレートしてしまうケースもある。

管理職とその部下の関係性が仮にこういった状態に陥っていても、傍目《はため》にはなかなかわかりにくい。その管理職からは、「彼は未熟なので、私が厳しく育成しています」という耳ざわりの良い報告が上がってくるからだ。周囲や隣の部署の上長を経由して、その管理職のパワハラまがいの問題が露呈することもあるが、そのときはすでに手遅れとなっているケースも少なくない。

ただ、こうした経験を重ねてこそ、将来の組織を支えるミドルマネジメントが育っていくとも言える。メンター制度などによってこうしたエラーを最小限に食い止める工夫を施しつつ、管理職として部下との関わり方を経験として体得させる必要がある。

リーダーシップやマネジメントは、本で読んだ程度で体得できるはずもなく、やはり体験を通じて身につけていくものであろう。

経営者が「わが社は優秀なミドルマネジメントが不在だ」と悩む会社をよく観察してみると、社長と取締役がグルになって、将来の管理職候補の芽を摘んでしまっているケースが少なくない。何か問題が起こるとすぐに管理職の責任だけを厳しく追及したり、そのたびにマイナス査定や降格をしていると、彼らは「責任」という言葉にだけ過剰に敏感になり、責任転嫁とリスク回避を最優先に意識する消極的な姿勢になっていく。これでは、会社の将来を担える有能な管理職など育つはずがない。

現場の様子、お客様の声には常に意識を払いつつ、同時並行で管理職の教育とフォローを忍耐と寛容をもって根気強く継続する必要がある。

POINT

権限を与えて優秀な管理職を根気よく育てることが、取締役の重要な仕事の1つである。

4

自発性とボトムアップを促進する「コーチ」

❖トップダウンによるマネジメントには限界がある

「**ボトムアップ**」は、トップダウンと対比されて用いられる表現である。

会社の組織が小規模なうちや、市場の環境が追い風のときであれば、トップダウンで動く組織は効率がよく、成果も出やすい。しかし、組織が一定規模を超えたり、景気が停滞し始めると、トップダウン組織は脆《もろ》く崩れやすい。

上司の指示に忠実に動くのに慣れ切った組織には、自主性や主体性が備わっていない。

不測の事態に直面するたびに、上司の指示待ちでフリーズする。さらに深刻なのは、上司の指示が現場の実態とズレ始めた頃から、組織が徐々に迷走を始めることである。

こうした状況に焦った経営陣が、打開策としてさらに細かい指示を矢継ぎ早に繰り出してその実行を期限付きで強制すると、さらに状況が悪化する。

もちろんそれが功を奏すこともあるのだが、一部の経営陣が役員会という机上のコックピットで考えた画一的なやり方を、一方通行で組織に落とすのは一見、統制が効いた効率的な組織運営のようだが、危険をはらんでいる。

現場の改善意見を吸い上げるボトムアップルートや、それを受け入れる気質が上層部にあれば話は別だが、裁量と工夫の余地を失った組織の活力は低下し、現場は会社の上意下達の方針に違和感を覚えながらも淡々とそれを遂行するようになる。実態に即していないことをそれでも現場がやり続けるのは、上層部に目をつけられてマイナス評価をされることを恐れているからに他ならない。**このような恐怖、威嚇、緊張によるトップダウンマネジメントは、社員の自主性・自発性を、徐々に、そして確実に奪い取っていく。**

これがトップダウン依存型組織の脆さと危うさである。

❖「しなくてはならない」を「したい」に変える

経営陣が自社の存在目的やビジョンを示し、社員たちがその実現に向けて本気になって自ら目標を立て、自らの仮説や裁量を持って行動する組織のほうが、一見緩いように見えても組織の活力は高く、実は非常時の底力や足腰も強い。

統制上のルールは必要最低限にとどめ、自由闊達に各々の持ち場において議論が交わされ、自ら掲げた高い目標とゴールラインに向けて邁進《まいしん》する組織作りを目指すべきである。

戦略は確かに重要ではあるが、現場の戦意なくしては実行されない。

往々にして仕事は「しなくてはならないもの」であるが、これを「**したいもの**」に変換させるのが経営陣の手腕である。この「したい」という意欲に溢れている組織は、社員の欲求が経営の目的と近いところにあるので、社員の自走力が極めて高く、会社の成長速度も速い。

社員の欲求を会社の経営目的にどうシンクロさせるか。これこそが、活力ある組織運営の最も重要な原点と言える。人間には様々な欲求がある。有名なアブラハム・マズローの欲求階層論になぞらえて整理すると、次のようになる。

①生理的欲求
②安全欲求
③所属欲求
④承認欲求
⑤自己実現欲求
⑥他者貢献欲求

この①〜④は主に外発的動機付けによって満たされる。外部から与えられる各種インセンティブによって、これらの欲求を満たす行動が強化される。ただし、こうしたインセンティブによる動機付けはアンダーマイニング効果を生じさせやすく、評価や金銭という「外部からの褒美」がないと仕事の意欲が高まりにくくなるというマイナス側面もある。

確かに人間には「豊かになりたい」「認められたい」という本能的欲求があるが、それ自体が社員の働く目的の第一義になってしまうと、「会社の存在目的」と「社員の働く動機」がシンクロしない状態になってしまう。

一方、⑤自己実現欲求と⑥他者貢献欲求という人間の上位欲求は、主に内発的動機付けとの結びつきが強い。こうした内発的動機付けとリンクする欲求に着火することこそが重要である。つまり、会社の経営目的や理念を追求することそのものが、社員の自己実現欲求や他者貢献欲求を満たすこととイコールである状態が好ましい。

だからこそ、「**そのためなら本気で頑張れる**」という、社員が誇りとやりがいを持てる理念・目的・ビジョンを掲げることが重要なのである。逆に言えば、それに共感する人材だけで組織を構成するのがベストである。だからこそ採用段階では、自社の経営目的やビジョンをしっかりと発信し、それに心から共感する応募者の中から優秀な人材を選別する。どれだけ学歴や経歴の見栄えが良くとも、自社の経営目的やビジョンに共感しない人間を採用すべきではない。

自分の所属する部門の事業が、世の中や社会にどのような価値をもたらすために存在するのか、つまり「**何のために今の仕事をやっているのか**」を社員の腑《ふ》に落とすことこそが、意欲溢れる組織作りの第一歩と言える。人間にもともと備わっている他者貢献欲求や自己実現欲求に気づき、それが目の前の仕事を通じて満たされていくことに気づいた社員は、本気で高い意欲を持って社業に取り組むようになる。

活力あふれる強い組織を見ると、「**仕事の中に人生があり、仕事と趣味は一体**」という社員が少なからず存在する。「**自分の夢や理想を実現するには、今の会社で成功するのが一番の近道だ**」と考えている社員たちは、結果的に「仕事＝人生」となる。そうなると、無敵のモチベーションを持った強い組織となる。

「仕事と趣味は別と考える社員が多い会社」は、「仕事が趣味と考える社員で構成された会社」に対して、まず勝ち目はない。

何かあるとすぐに「ブラック企業扱い」を受けやすい昨今においては、社員に対して「仕事を趣味にしろ」と公言することは憚《はばか》られるが、取締役本人がそうしたマインドで社業に邁進して、自ら手本を示すことはできる。

取締役には、仕事と人生を一体化させるくらいの覚悟が求められる。

取締役のマインドと姿勢が組織メンバーに影響を及ぼす。子育ての世界では「子は親が言っていることではなく、親がしていることをする」という。同様に**社員は経営陣が言っていることではなく、経営陣がしていることをする**。

❖「やらされ感」を伴わない目標設定手法とは？

自社や自部門の活動目的や存在意義を明確にして、それを社員たちの他者貢献欲求や自己実現欲求にリンクさせて実現への意欲を高めることが第一義であり、そのマイルストーンとしての目標やＫＰＩ（Key Performance Indicator 主要業績評価指数）を共有するのが次の段階である。目的や存在意義が明確でなかったり、それが社員の腑に落ちていない状態で目標やＫＰＩを一方的に展開すると、それは「やらされ感を伴うノルマ」となってしまう（図３）。

目的や存在意義、ビジョン、中長期目標はトップダウンで示すべきものだが、短期目標はボトムアップとトップダウンの双方向軸で形成されていくのが好ましい。

ミドルマネジメントを動かしつつ現場社員の意見や仮説を吸い上げ、目的達成のための目標とＫＰＩを下から積み上げていく。多少時間を要するが、目標策定にこのプロセスを組み込むことで、現場の自主性と責任感を醸成することができる。

■図３　目的と目標の違い

目的とは？	存在意義・活動意義	社会や市場における自分たちの存在意義やその活動意義は社員にきちんと伝わっていて、その実現のために本気になっているか？
目標とは？	手段・道標・約束	目的を達成するための役割分担があり、役割ごとに「定性・定量」「短期・長期」のマイルストーンで整理・共有されているか？

64ページの図4のように、まず長期的かつ定性的な目的を共有する。「**何のために何を成し遂げたいのか？**」という組織の活動目的をきちんと示す。それを各部署のミドルマネジメントに投げかけて、各部門が担うべき役割や機能のミッションにこれを変換させる。

定量目標を定める前に、中長期的な定性目標を明確にする。つまり「**うちの部署は数年後にはこんなふうになっていたいよね？**」という〝あり方〟を示すビジョンである。その次に、中長期の定量目標を定める。「**数年後にはこのくらいの事業規模、市場シェアになっていたいよね？**」というおおまかな〝規模感〟のイメージ共有を図る。

そして、次にこれらを短期目標へと落とし

■図4　目標・目的の設定方法

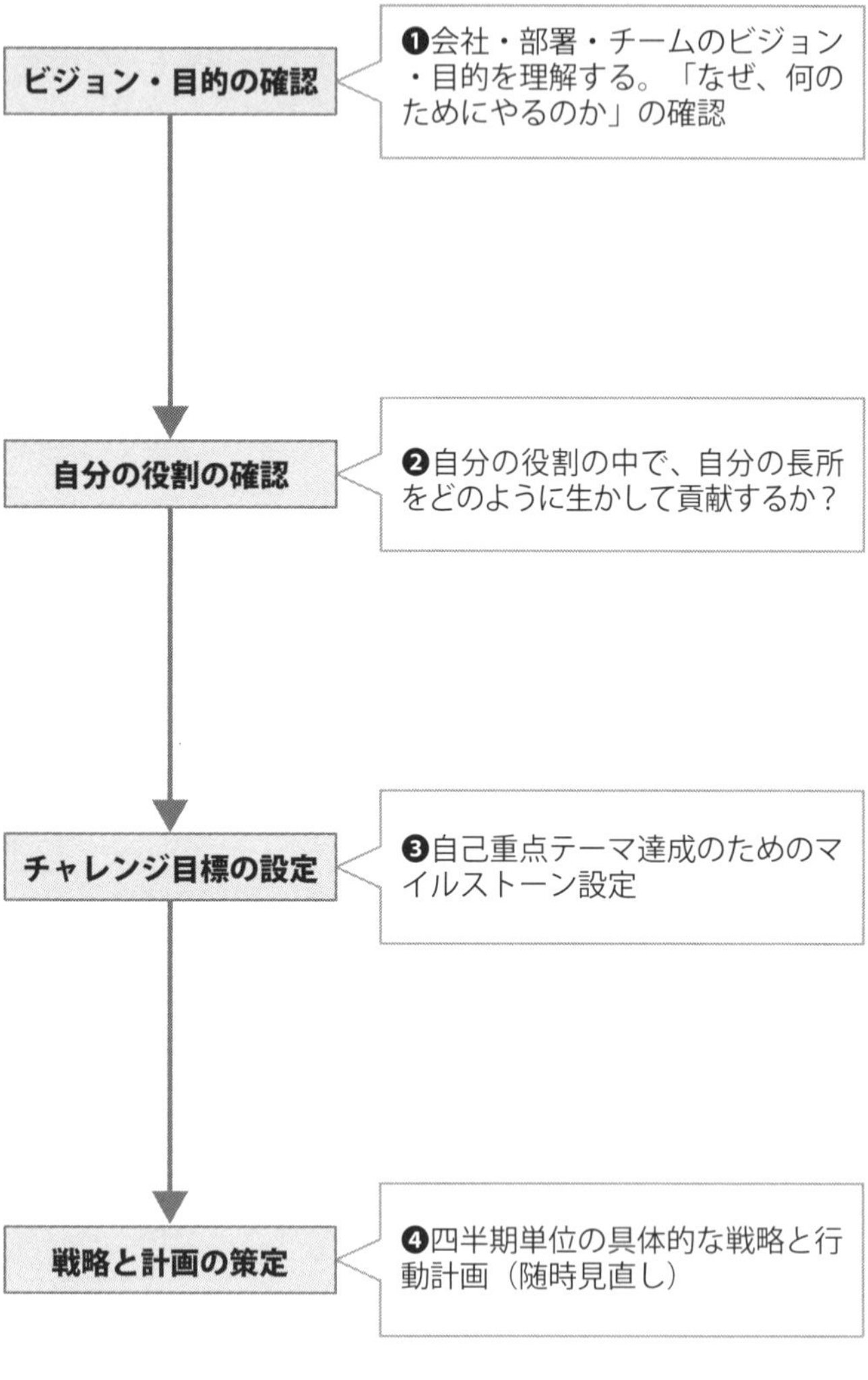

込むことになるが、これも定量目標の前に定性目標を整理する。**「どの事業分野や市場をドメインにするのか？　具体的な戦略は？」**などを毎年ローリングで見直す。時流変化が激しい昨今においては、場合によっては半年で見直す必要があるかもしれない。

今の市場環境や組織環境における自社や自部門の生き残りに最適な戦略や実施事項が定まったら、短期的にどの程度のスピード感でどのくらいの数量を達成すべきかを見定める。これが当該年度の数値目標となり、ＰＤＣＡサイクルに載せられることになる。

この過程にも、ミドルマネジメント以下をしっかり巻き込み、各々の背伸び範囲ぎりぎりの目標設定を促すことで達成意欲と責任感をできる限り醸成する。

❖組織目標と個々人の目標と評価が矛盾なく連携しているか？

ここまでは組織としての目的・目標を設定する手順などに触れたが、さらにこれを個々人の目的・目標に落とし込む必要がある。

まずは、各機能セクションを担当するミドルマネジャーや管理者の当年度の活動テーマ・目標の策定である。組織を構成するマネジャー一人ひとりが、自らのビジョンと目標を明文化した上で取締役と共有し、その達成に向けての意思確認を行う必要がある。

これらをもとに当該年度の各部門方針発表会を期首に開催したり、その動画やプレゼン資料を全社員が閲覧可能なフォルダに格納するなどして組織全体への浸透を図る。

次に、個々の組織メンバーの目標やスキルマップに連動させる必要がある。ここから先は主にミドルマネジメントや現場の管理職に任せることになるが、取締役としてはそのフレームと共通のコンピテンシーの設定くらいまでは関わるべきである。

コンピテンシーとは、ある組織や特定の業務において成果をあげやすい思考や行動特性のことである。これを整理した上で取締役として期待することなどを付加して、目標設定ツールやスキルマップを通じて現場に浸透させていくのだ。

こうした一連の作業は、現場の実情や仕事内容をあまり理解していない人事部の担当者任せにしてはならない。

もちろん、これらはすべて人事評価との連動が前提となるが、そのつなぎ込みがきちんと機能しているかも取締役が自分の目で確認すべきである。「**目標設定→実行→評価→フィードバック**」という一連の流れが滞ると、不公平感や「やっても報われない感」が組織

■図５　目標策定階層と関連性

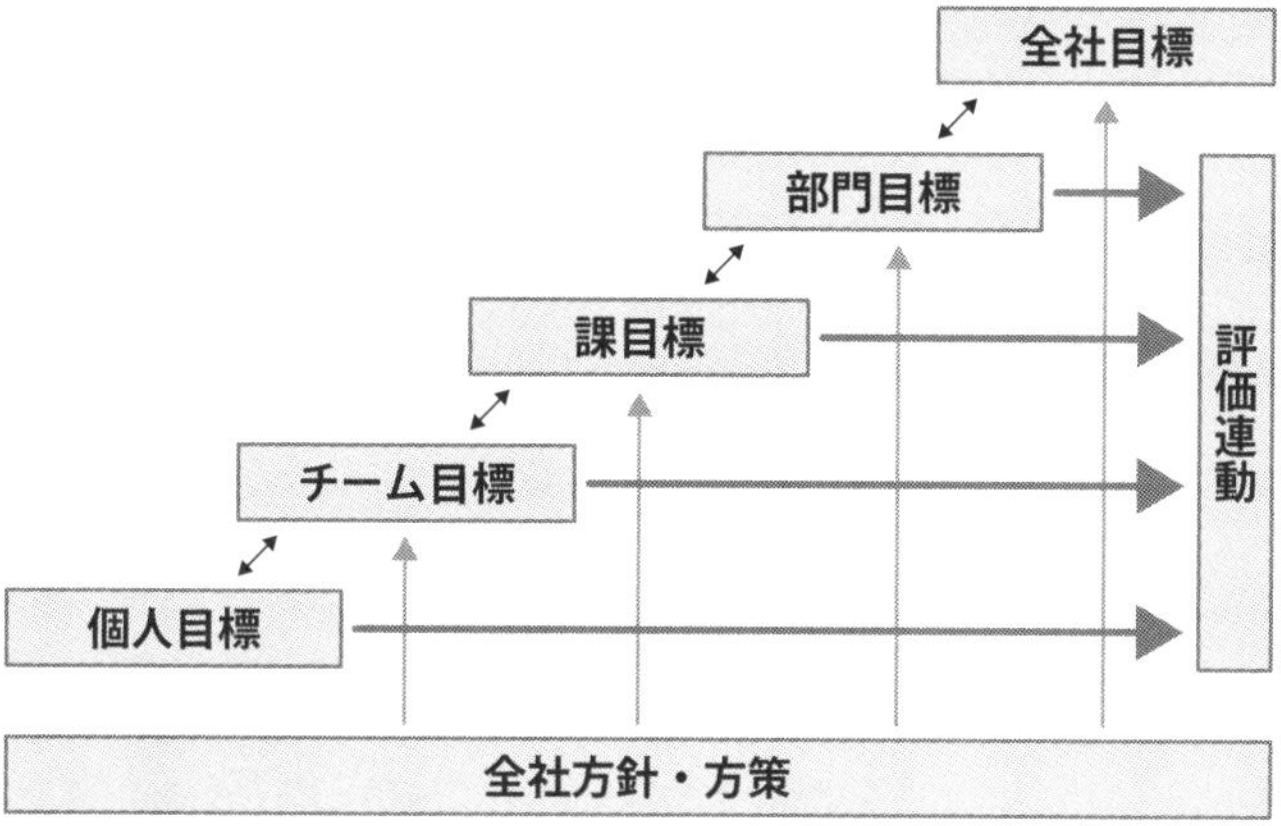

内に蔓延《まんえん》し、その翌年度の達成意欲が大幅に減退してしまうので留意すべきである。

昇給昇格や賞与などに関する不満の多くは、査定内容や結果そのものよりも、**きちんとしたフィードバックがなかったり、いい加減だったことに起因していることが多い**。これはひとえに管理職の怠慢であるが、そのフィードバックの必要性や重要性を周知徹底するのは取締役の役割である。

このことを取締役が徹底できている組織とそうでない組織には、フィードバックの実施率や現場の納得感にも当然大きな差が生じる。これが組織力の差となって、ボディブロー的に業績や定着率という結果となってあらわれるのだ（図５）。

❖モチベーションは腑に落ちた目的と目標に下支えされる

「**モチベーション**」という言葉の語源は、諸説あるが、ラテン語の「movere」（動く・動かす）が語源であると言われている。「何かに向かって人の心を動かすもの」とも解釈できるが、そもそも「**動く心**」を表現している。

モチベーションの状態は人によって異なるし、同じ人間の中ですら動き続けるものであり、一瞬たりとも同じ状態であり続けることはない。しかし、比較的それが高いレンジで推移する人がいたり、逆に低いレンジで動く人もいたり、はたまた激しくアップダウンを繰り返す人もいる。同じ人間でもそのときの状況や環境によって、様々な動きをするのだ。

当然、モチベーションが良い状態で仕事に向き合えるほうが、組織にも本人にとっても好ましいことは言うまでもない。問題はこれを良い状態に保てるように、いかに働きかけるかである。

前述したように、他者貢献欲求と連動する「腑に落ちた活動目的」と、それを実現する

■図6　モチベーションは目的と目標に下支えされる

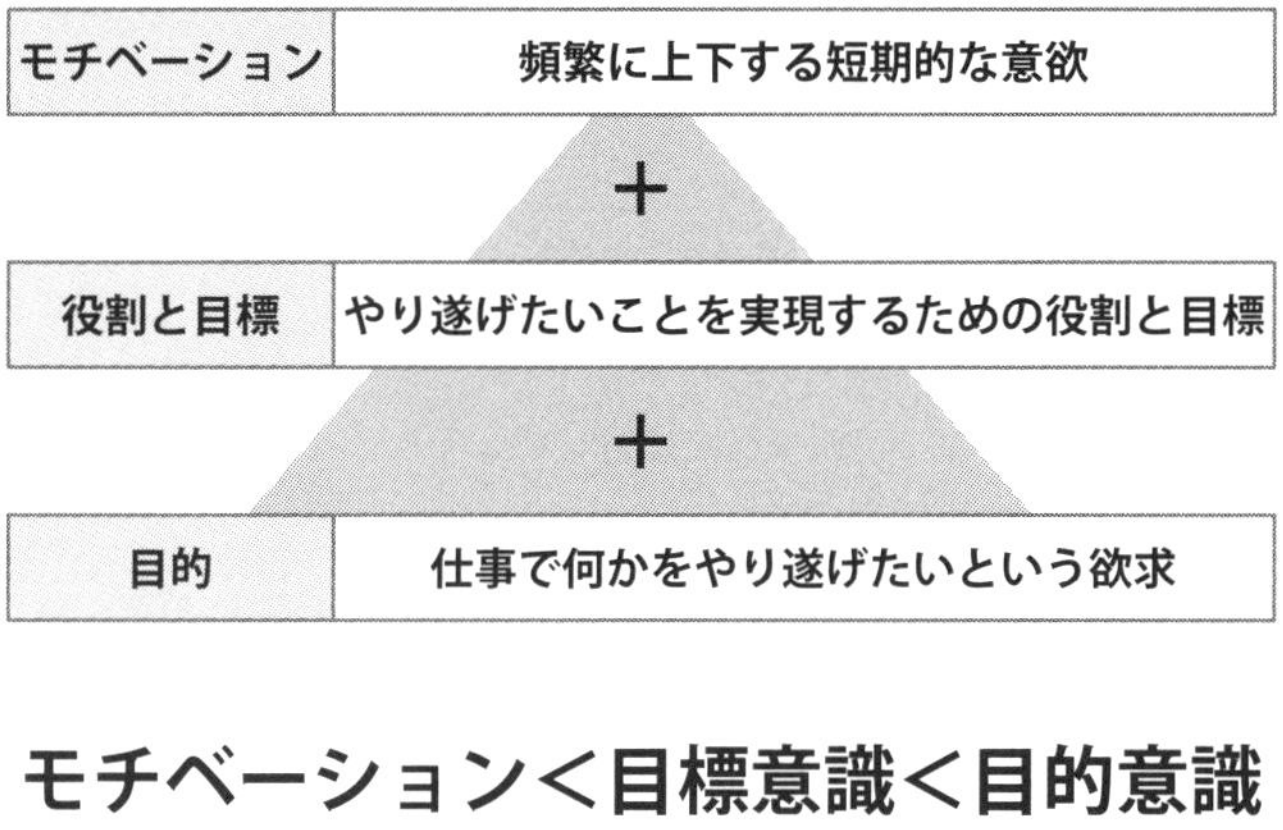

モチベーション
頻繁に上下する短期的な意欲
＋
役割と目標
やり遂げたいことを実現するための役割と目標
＋
目的
仕事で何かをやり遂げたいという欲求
モチベーション＜目標意識＜目的意識

ために掲げた目標によって支えられることで、個人のモチベーションは安定する（図6）。

組織運営においては、この関連性をしっかり押さえつつ、組織の活動目的とメンバーのモチベーションをどうリンクさせるかが重要となる。これを意識した環境や仕掛けを考えるのも、組織を持つ取締役の大切な仕事である。ここに取締役の意識の差が、ダイレクトに組織の活力の差となってあらわれる。

❖個々人の強みや長所が仕事に生かされる風土作り

人間は自分の長所や得意なことが周囲から認められ、それが何らかの価値へとつながる

■図7　強みや長所が役割として生かされる風土作り

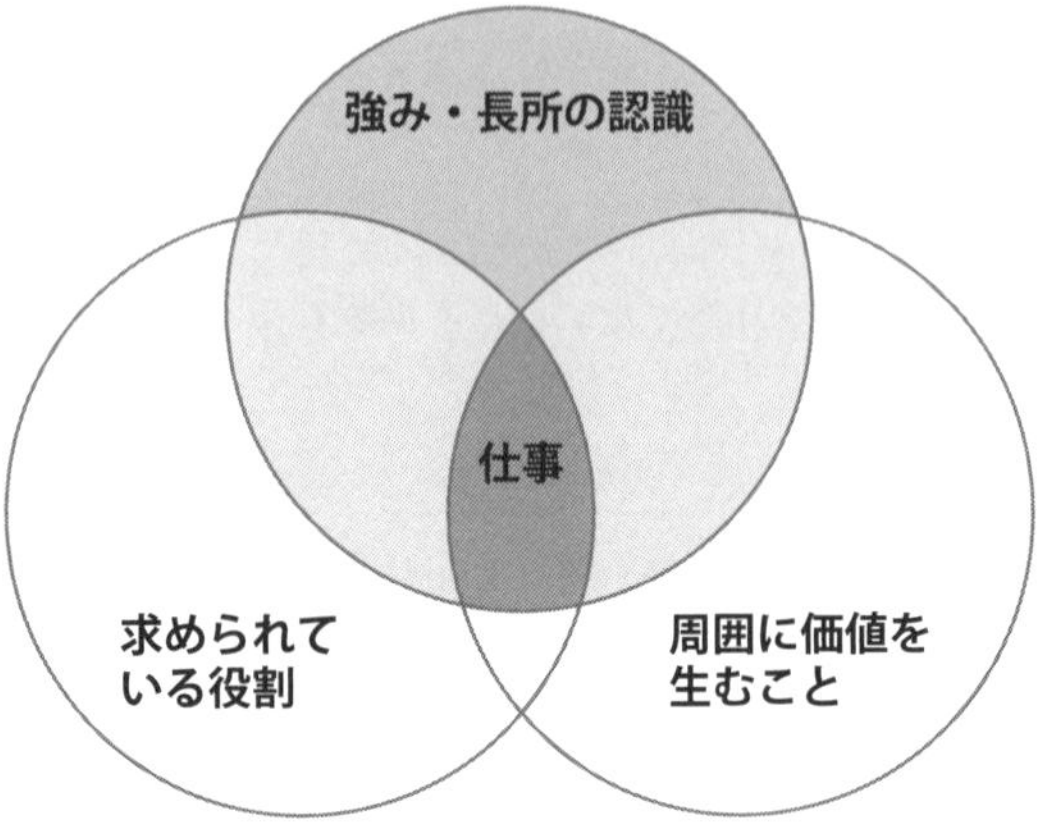

■図8　役割や長所は「協働」を通じて磨かれる

1	共通の目的・目標に向かって、当事者意識を持って真剣に取り組むからこそ、各自の役割や長所が磨かれる
2	自己の強みや役割を通じて周囲に貢献する喜びを実感することで仕事が楽しくなる

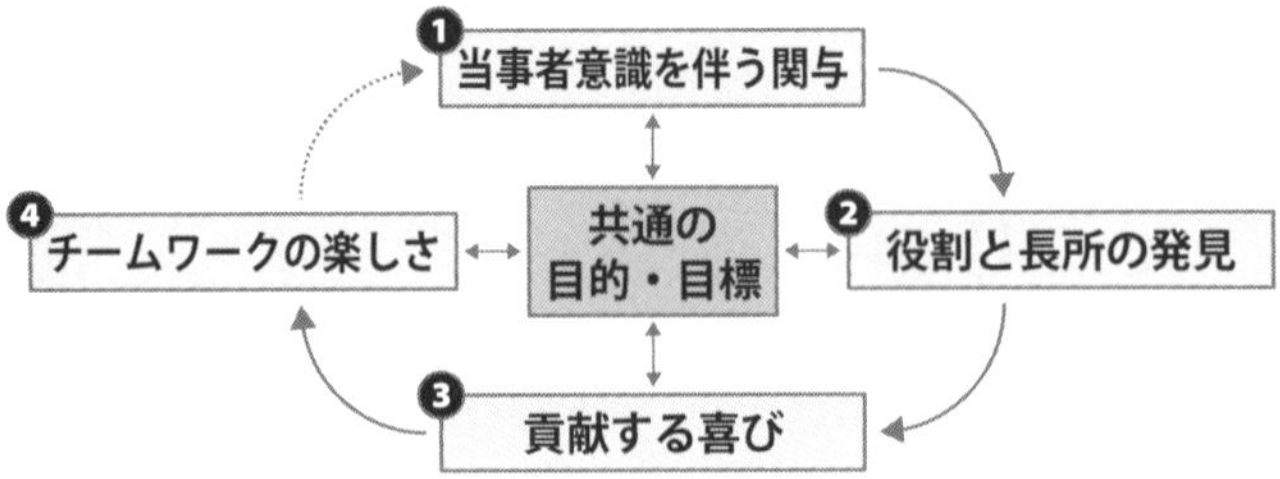

と、仕事そのものが楽しくなりモチベーションは高い状態で維持される。

しかしながら、自分の長所というのは自分自身ではわかりにくいものであり、一緒に働く仲間や上長からのフィードバックを受けて顕在化するものである。したがって、**仲間の長所を相互にフィードバックし合う仕掛けや風土を組織に根づかせる**ことで、メンバーの長所が仕事に生かされるようになる（図７）。

部下の長所を上長が面談などを通じてフィードバックできる機会はせいぜい知れているが、共通の目的に向かって働く社員同士が、お互いへの感謝や長所を伝え合う環境や仕掛けを作っておけば、個々のモチベーションを高め合う風土が自然と醸成される（図８）。

要するに、「**共通の目的に向かって働く仲間同士が、褒め合い、認め合う風土**」を作れば、個々の強みや長所が引き出されるだけでなく、それが自然と仕事に生かされるようになっていくのだ。

POINT

やらされ感のない目標設定手法と、社員のモチベーションを上げる仕組みを作る。

5

ビジネススキームや組織体制の「改革者」

❖「おごり・うぬぼれ・甘え・マンネリ」に注意！

ダーウィンは「進化論」の中で、「**賢いものや強いものが生き残るのではなく、変化する環境に適応するものが生き残る**」と唱えている。これはビジネスの世界にも通じる。景気は常に移ろい、顧客や市場のニーズも変わり、競合企業が打ってくる戦略も刻々と変化する。

こうした環境の中において、自社だけ、あるいは自分の部門だけが「変わらずにいる」

ということは許されない。

しかし、組織には「**慣性《かんせい》の法則**」が働きやすく、それまでのベクトルで等速直線運動をしようとする習性を持っている。組織が大きくなると慣性の法則がより強く働きやすいので、取締役がそれを踏まえた上で、過去の慣習の中で変えるべきことや止めるべきこと、そして新たに始めなくてはならないことを見極め、意識的に舵を切らねばならない。

今までのしがらみや慣習に縛られて変えるべき仕事を変えられずに、そのまま崖に突っ込んでいくようなことは避けなくてはならない。慣性の法則に逆らって切るべき方向にハンドルを切れるのは、おそらく取締役をおいて他にいない。

おごり・うぬぼれ・甘え・マンネリは企業破綻の4つの芽である。

いずれも「このままでいい」という現状維持を望んだ瞬間に芽生えてくる。

企業の理念や哲学など変えるべきではないものもある。しかし、商品・サービスの革新は常に継続すべきだし、それを生み出すバリューチェーンや業務フローは生産性向上に向けての努力を一瞬たりとも止めるべきではない。

それまで築き上げたビジネスモデルや勝ちパターンは、できれば捨てたくはないものだ。また、人間は安定を好み、変化を恐れる生き物だ。変革への抵抗は、人間の防衛本能から来る当然の反応であり、変革には決まって組織の抵抗がつきまとう。
人が変革に抵抗する主な理由は、次の通りである。

①新たな仕事が増えるかもしれないという心配
②今の立場や仕事を失うかもしれないという不安感
③これまで積み上げてきた苦労が台無しになるという喪失感
④変革の必要性に関する理解不足
⑤失敗するかもしれないという恐怖感

こうした「安住心理」によって、世の中の流れや市場から取り残されるのである。会社組織の中で守られている社員たちは、このことに気づきにくい。したがって、取締役が会議でその必要性を口にしたくらいでは、変革は簡単に起こせない。

❖変革の「スピード調整」は取締役の仕事

変革を起こすには、まず部下たちの抵抗心理の本質を理解し、取締役が先頭に立って根気強くそれを取り除く必要がある。そして、変革の必要性やその先にある可能性などを繰り返し伝える。すると、その必要性を理解して新たな変革に関わろうとするメンバーが、最初は少数だが必ず現れる。ここを中心に「**変革の小さな成功事例**」を積み重ねていく。

これを全体に共有して巻き込む人を増やしていくと、一定の母集団が形成される。この母集団をリードする管理者を定めてエンパワーすることで、変革の速度を上げていく。

このような段階的推進で、組織の変革への抵抗を和らげると同時に機運を高めていくと、抵抗派と推進派の比率があるときを境に逆転する。ギアを上げてアクセルを踏み込むのは、まさにこのタイミングである。

これを待たずに性急な変革を断行すれば、組織に大きなダメージを与えかねない。

たとえば、トラックが猛スピードで急カーブに進入すれば、荷台の荷物を振り落としてしまう。最悪の場合、車体そのものが転倒してしまう。慣性の法則に従って等速直線運動をしようとする組織を強引に動かしたダメージは、離職率増加・意欲低下・信頼関係崩壊という深刻な問題となってあらわれ、組織の立て直しに数年を要する。

経営者というものは、往々にしてせっかちだ。アクセルをやたらと踏みたがるし、急ハンドルを切りたがるものだ。それをうまくセーブする役目を果たすべきは取締役である。どの程度の速度で変革を遂行すればいいのか、現場の空気や温度感を見ながらコントロールしていくクラッチや緩衝材のような役割を取締役が担うのである。

❖時流を読んで乗るべき波を見極める

時流や市場の変化を常にウォッチし、先を読んで手を打ち続けるのが経営陣の最も重要な仕事である。

「不易流行《ふえきりゅうこう》」という言葉があるが、変わることのない原理原則と変わり続ける時流を読み、自社の強みを生かした事業展開を考え続けなければならない。経済や社会の情勢、業界動向、異業種からの参入動向、法改正、技術進歩など、自社の経営に影響を及ぼし得るあらゆる方面の情勢にアンテナを立てなければならない。各方面の専門家との人脈を作ったり、他社の経営者や役員との外交を通じて、表には出てこない情報を意識的かつ能動的に掴みに行かねばならない。

経営陣の一角をなす取締役は、担当する職域が何であろうと、こうした**外部の一次情報の収集と分析に努める**必要がある。重役室の中で座っているだけでは、社内ゴシップを除いては、水面下の一次情報はほとんど入ってこない。

取締役には、過去の実績や手腕が評価されて役員に抜擢された人物が多い。それだけに自分が活躍していた時代の成功体験や、当時主流だったビジネススキームに依存しがちになる。

昨今、ＩＴ系のベンチャー企業などが旧来の常識や慣習に囚われることなく様々な業界に持ち込んだ新しいスキームが、各業界の構造そのものを変えてしまった例が少なくない。一方、これらを「理解すべき対象の範囲外」と決めつけてしまう中高年役員も少なくない。たとえば、ＩＴやＳＮＳの普及によって、情報の非対称性や情報格差を利用して利ザヤを稼いでいたビジネスは一気に廃《すた》れ始めている。また、かつては存在しなかった「Ｃ to

C」（個人間取引）というスキームが様々な業界に持ち込まれたことで流通構造は一変し、ネットに掲載できるものはほとんど、店舗はおろか企業すら通す必要がなくなってしまった。

たとえば、不動産ですら宅建業法に定められた重要事項説明がウェブ上で解禁され、各種手続きや契約もウェブ上で行われるようになると、店に行く必要がなくなってしまう。このような流通構造の変化が、多くの業界で現実に目の前まで迫っている。

「買い手と売り手を結ぶ情報プラットフォーム」を構築して一気に面を制するというのが、様々な業界において新たな一つの勝ちパターンとなっている。実はこうしたビジネスモデルは当該業界の中からではなく、異業種からの参入者によって持ち込まれているケースがほとんどである。

その業界の先住民である老舗企業は、そのプラットフォームを利用するのに莫大なコストを払うことを甘んじて受け入れるしかない状況に陥っている。テクノロジーの進化や他業種で起こっている先行事象にきちんとアンテナを立てていれば、自分たちの業界にもいずれ同じような波が押し寄せることは予測できただろうし、その中心に立つこともできたはずである。

❖どんなビジネスにもライフサイクルがある

あらゆるビジネスや商品には**「ライフサイクル」**が存在する。**「①導入期→②成長期→③転換点→④衰退期→⑤安定期」**という春夏秋冬の盛衰プロセスを辿っていく。

81ページの図9を見ていただきたい。

①導入期では、需要が供給を上回る。斬新なビジネス、斬新な技術、斬新な商品として市場を席巻している間は競合も少なく、ものすごい勢いで伸びていく。何をやっても売れる時期だ。

続いて②成長期には「あの会社は儲かってるな」と他社が真似をして参入してくる。ある程度まで市場のパイは広がりを見せるが、その広がり以上に供給が増え、いずれ飽和状態が訪れる。需要と供給の転換点を予測するのはそう容易ではない。

③転換点を迎えた以降も、競合他社や異業種企業が、より新しいメソッド、より高品質、より低価格を武器にシェアを奪いに来る。先駆者がそれについて行けないということも実

は多い。「うちは業界リーダーだし、ブランドがあるし、大丈夫だ。後発者や新参者よりも、わが社にアドバンテージがある」とタカをくっていると、知らぬ間に一気にシェアを奪われてしまう。市場の縮小と競合の増加が重なった時点から、売上が急減するのである。この時点で、「このままではいけない」と気づいても、時すでに遅しである。

①導入期から②成長期にかけてのいい時期を体験している取締役は、どうしてもこの時期のやり方に固執しやすい。自分の会社、自分の部門がいま、ライフサイクルのどの段階にあるのかを客観的に俯瞰しなければならない。

最も難しいのが③転換点、ピークの見極めである。株の売り時と同じで、頂点を見極めるのは難しい。「そろそろピークを迎えそうだ」と見切ったら、早期に自社の技術や業態にイノベーションをもたらしたり、それらを活用して異業種への参入を果たすことで、再び事業を成長軌道に乗せることもできる。

実際、不況や異業種参入に「大変だ！」と騒いでいる会社の大半は、好調のとき、「このまま好調が続くだろう」とタカをくっていたのではないか。反対に、異業種からの参入や景気悪化を織り込んでいち早く対策を練っていた会社は、その煽《あお》りをさほど受けない。違いは、危険察知力と事前準備にほかならない。

■図９　ライフサイクル

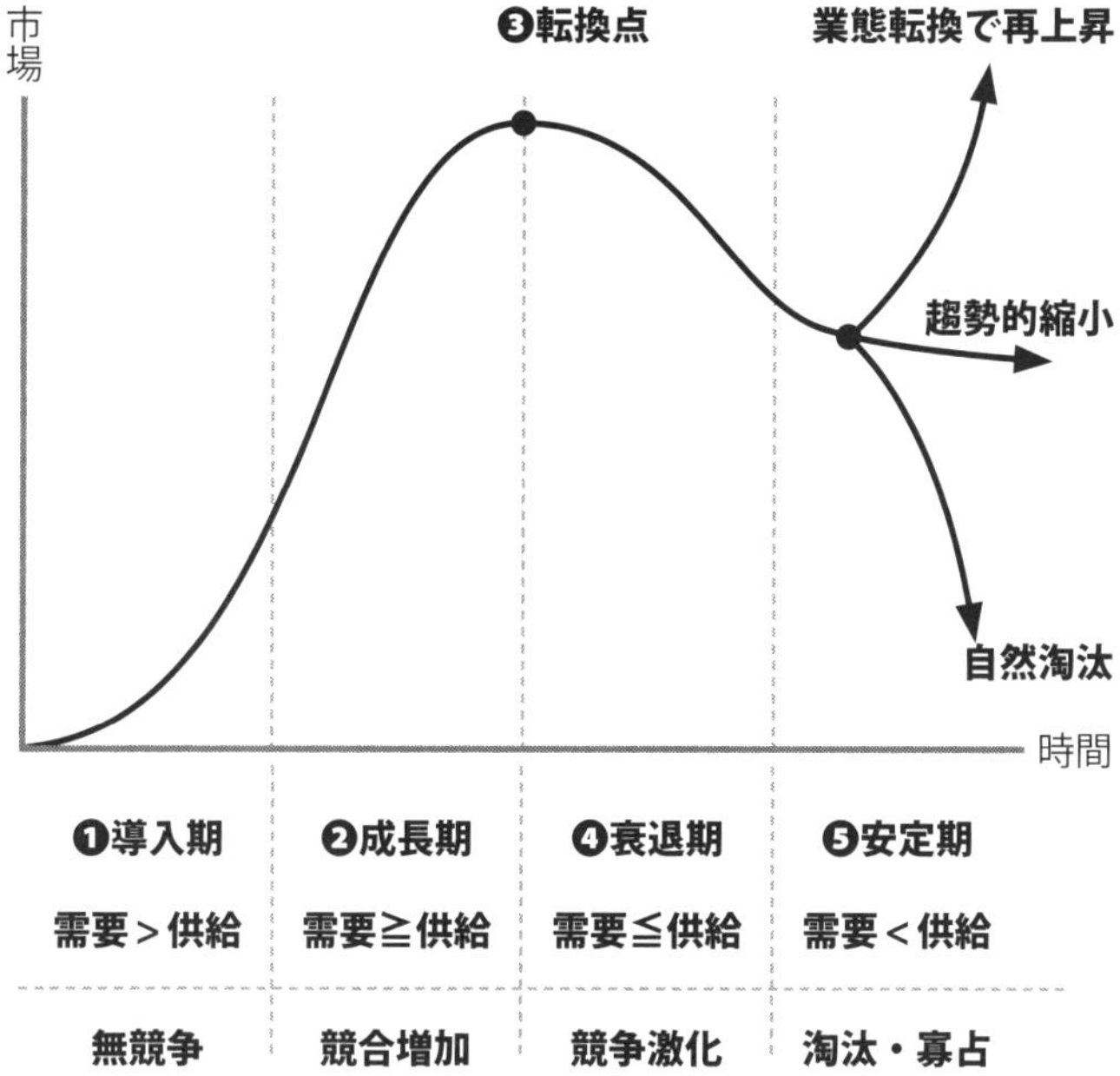

すでにライフサイクルプロセスが変わってきているのに、いつまでも「成長期」の意識・体質から脱却できない企業は淘汰される。

「孫子の兵法」に、次のような有名なくだりがある。

「用兵の法は、其《そ》の来たらざるを恃《たの》むこと無く、吾《わ》れの以て待つ有ることを恃むなり。其の攻めざるを恃むこと無く、吾が攻むべからざる所あるを恃むなり」

敵が来ないのをあてにするのではなく、いつ来てもいいように備えておくべき。敵が攻めてこないのをあてにするのでなく、いつ攻めて来てもいいように自分たちの態勢を整えておくべき、という意味だ。

好調なときこそ、「悪くなるかもしれない」と予測して準備しておく。

船が大きな波に飲まれて浜辺に打ち上げられてからでは、いくら水をかいても船は動きはしない。急激な潮目の変化に遭遇した場合、ビジネスモデルの転換にいち早く着手した企業だけが生き残るのだ。潮目が変わる瞬間というのは、意外なほど突如として訪れる。先月まで市場を席巻していたビジネスモデルやサービスが、ほんの数カ月で他社にシェアを奪われ、市場から姿を消していくことも昨今では珍しくない。

革新的な商品は不況期に誕生し、次の好況期に認知される。技術革新が起こりやすいのは不況期なのだ。正確に言えば、景気停滞が顧客をシビアに変化させ、技術や業態の革新を企業に迫るのである。企業が生き残るにはこれに応えるしかない。これに対応できるインフラや体制をどれだけ短期間に構築できるかがカギを握ることになる。

「**天国は地獄の始まり、地獄は天国の始まり**」という格言がある。良くなった景気や商売はいつしか必ず悪くなるときが来るし、その逆もまた然《しか》りである。

好況時にこそ、いずれ直面するシビアな時期への備えをきちんとしておくことだ。経営陣の中で何人の取締役が、順調なときに危機感と使命感を持つことができるか。これが後に企業の明暗を分ける。

POINT

変わり続けることへの社内の抵抗感を減らし、自ら先頭を走るのが取締役の仕事！

6 会社をリスクと外敵から守る「守護神」

❖「いざ」というとき、取締役が逃げてはいけない

昨今では企業に限らず、政府や教育機関においても不祥事対応のまずさが目立っている。世間やマスコミから見解や対応方針について説明を求められた際の対応如何では、組織全体が窮地に追い込まれることになる。

取締役の守備範囲には、危機対応や緊急時対応も含まれる。**取締役は会社が危機に晒《さら》されたときにこそ、すぐさま立ち上がって身を挺《てい》してでも先頭に立って采配を振るべき立場**

である。危機対応の経験は、誰しもそう多くはない。できれば避けたいところだが、誰かがやらねばならない。「会社を守る」という観点では、危機対応の矢面に最初に立つべきはトップではない。ましてや顧問弁護士でもない。まずは、当該部門の取締役であろう。

何かトラブルがあると、すぐさま弁護士に助けを求めることで不安や責任を少しでも軽くしたい気持ちはわからないでもないが、弁護士は契約に基づいて動く専門家であり、その会社の責任を取る立場でもないし、最終結論を出す立場にもない。あくまで当事者が明確な意思と方針を持って相談したことに対して、専門的見地から意見を述べたり代理行為を受任するのであって、弁護士自身は危機対応の陣頭指揮をとる立場にはない。**対応方針を定め、その最終的責任を取るのはあくまで会社の経営陣なのだ**。

建築基準法を図らずも犯してしまったある企業が、マスコミの標的にされてしまったときのことである。7名の弁護士からなる対策チームを編成したが、夜通し議論を重ねても結論が出ない。理由は明白で「当事者企業の誰がこの危機対応の責任者なのか」を社として決めていなかったからである。結局、ある役員が引責辞任を覚悟でマスコミや役所対応の矢面に立つことを決断したことで、ようやく事態を収束に向けて動かせることになった。

日ごろから危機管理対策はもちろん、万が一のときに矢面に立つ責任者やその選定基準を定めておき、最低限のシミュレーションをしておく必要がある。

❖悪意のマスコミに足元をすくわれない

マスコミは日夜、企業がらみの事件や不祥事をネタとして探している。名の通った企業ほど、その恰好の標的となる。したがって、図らずも生じた自社の不祥事やトラブルに、マスコミが着目してきたときの対処法を準備しておく必要がある。

会社としてコンプライアンスに気を配っていても、意図しないところで社員が法令違反や重大事故を起こして、それが瞬く間に社会問題に発展するリスクは決してゼロではない。その際の対処法について、基本方針やスタンスをあらかじめ整理しておき、致命傷への発展を食い止めなくてはならない。「マスコミの取材に答えるのが企業の社会的責任」というのはいささか甘い考えであり、会社を守るためには、時には「すぐに答えない」という選択肢もある。

もちろん、自社の顧客や迷惑をかけた当事者に対する誠意ある対応や意思表示は不可欠である。しかし、それはマスコミの記者会見に頼るべきものではなく、自社の情報発信手段を使って、お金と時間を惜しまずにしっかりと行えばよい。

たとえば、仮に1時間にわたって丁寧な記者会見を開き、一つひとつの質問に誠意を持って対応したものの、たった一つの意表を突く質問に狼狽《ろうばい》してしまったとする。そこで想定問答にない間違った受け応えをしてしまったら、一体どうなるだろうか？

丁寧に答えた1時間は無視されて、ほんの数秒の失言部分だけが切り取られて、繰り返し報道されてしまい、致命的なマイナスイメージが世間に刷り込まれてしまうことになる。もし記者会見を開くなら、想定外の範囲に質問が及んだ場合の受け応えも含めて完璧な想定問答集の準備を整えて臨まねばならない。知名度のある会社であれば、特に念入りな準備とシミュレーションが不可欠だ。

❖バッドニュースのショートカットルール

いざというときに備えた「**バッドニュースのショートカットルール**」が必要だ。

事故や事件などの非常事態は突然やってくる。平常時の情報伝達階層を通して「係長↓課長↓部長↓取締役」と悠長に連絡していたのでは、スピードが命の非常事態への対応はまったく覚束ない。それだけならまだしも、途中で情報が遮断されたり歪曲《わいきょく》されることも決して少なくない。中間管理職からすれば、悪い報告はできればしたくないものだ。

やっと取締役のところまで報告が上がってきたときには、すでに手の打ちようがない状況になってしまっていて、その結果、企業の危機対応のまずさが目立ってしまう。

そんな最悪の事態を避けるには、ショートカット報告の対象となる事象を明確にし、日ごろからすべての階層に徹底させておく必要がある。非常事態の共有速度を組織的に高めることで、会社の危機やダメージを最小限に抑えることもできる。

ところで、非常とは「〝普段〟とは違う、思いがけない異常状態」であり、反対に平常とは「〝普段〟と同じ状態」と定義できる。何が非常で何が平常なのかは、この〝普段〟という認識のベースポジションをどこに設定するかによって異なる。極論を言えば、平常も非常も実は人の認識によってその境目が変わるということである。

取締役であれば、この〝普段〟という認識のベースポジションを「何もなくて平和なこと」に寄せ過ぎないようにすべきであり、仕事ではむしろ「**何かあって当たり前**」と考えるようにしたほうが良い。

このように「認識上の非常」は人それぞれ異なるわけだが、人というのは非常を認知すると、それぞれの性格や本質が図らずも顕在化する。そういうときに「自分だけ助かろう」とする人もいれば、周囲のために咄嗟《とっさ》に動く人もいる。会社も組織もこれと似たようなところがある。

非常時に「自分だけ、自部署だけ、自社だけ」という意識に駆られた思考や行動に走るのではなく、全体にとって何が最適かをしっかりと見極めて、「**全体のために自分たちにできることを最大限やる**」というスタンスを取締役が持つべきである。そして、それを組織にも日ごろから根づかせておくことで、危機に強い組織風土が形成される。

こういう組織は、非常時にこそ一丸となって問題を乗り越えていくことができる。

POINT

リスクマネジメントは取締役にしか果たすことのできない、重要な役回りである。

本章のまとめ

・取締役は、トップのビジョンと思いを理解する参謀役
・取締役は、実行部隊を率いる統率者
・取締役は、管理職の育成とマネジメントをする教育者
・取締役は、自発性とボトムアップを促進するコーチ
・取締役は、ビジネススキームや組織体制の改革者
・取締役は、会社をリスクと外敵から守る守護神

第3章

法律論からみた
取締役の役割

業績を上げる最大のカギは責任感である。
権威や権限ではない。

ピーター・F・ドラッカー（経営学者）

1 株主から委任を受けた「経営のプロ」

❖「経営のプロとは何か？」を常に自らに問い続ける

第1章で述べたように、会社と取締役の関係は「委任契約」であり、「雇用契約」ではない。委任契約とは、一般人では対処できない専門的な事柄を専門家に依頼する契約のことだ。委任契約には相互解除の自由がある。つまり、会社はいつでも取締役との契約を解除できる。

取締役とは、経営のプロとして株主から会社経営に関する「委任」を請けた者をいう。

したがって取締役は、「**経営のプロとは何か？**」を自らに問い続ける必要がある。

この「プロとアマの違い」とは、いったい何だろうか？

「**制約条件や逆境の下においても結果を出せる実力を有する者**」と定義できるのではないだろうか。プロの世界では、どんな歴戦の兵《つわもの》でも、どれだけの功労者であろうと、結果を出せなくなったら戦力外通告を言い渡され、解雇・引退となる。無情なようだが、これがプロの世界である。会社が勝ち残っていく上では当然の選択とも言える。

では、経営のプロとはなんだろうか？

「**企業の継続的な成長と安定を実現させる実力を有する者**」ということではなかろうか。その道のプロとしてどうあるべきで、体得すべきものは何なのか。これを探求し続ける姿勢が取締役には求められる。

❖法が求めるのは「善管注意義務」と「忠実義務」

繰り返しになるが、委任契約のもとに、〝経営のプロ〟としてその会社の運営にあたるのが取締役だ。それを遂行する上で会社法が定めているのが、**「善良なる管理者としての注意義務」（善管注意義務）**と「**取締役としての忠実義務**」だ。

この2つを怠った取締役を罰したり、株主が訴訟できる制度が会社法で整えられている。現代資本主義の根幹をなす株式会社制度を法で支えているのだ。

以下、前述した取締役の2つの義務とその内容について、最低限の解説を行った上で、筆者なりの解釈を述べていくことにする。

POINT

株主から「経営のプロ」として委託を受けた取締役は、善管注意義務と忠実義務の2つを怠ってはならない。

2

取締役の義務その1
〜善管注意義務〜

❖善管注意義務で取締役が果たす4つの責務

「**善良なる管理者としての注意義務**」（**善管注意義務**）には、次の4つの要素がある。取締役は、これらの責務を果たす責任がある。

① 適正なビジネスジャッジメントルールに基づく「意思決定者」

②取締役会の決定事項を実行に移す「執行者」
③法令違反・定款違反・不正やミスを未然に防ぐ「監査係」
④取締役会決定が適正に執行されているかどうかをチェックする「監督者」

以下、それぞれについて、詳しく説明しよう。

❖①適正なビジネスジャッジメントルールに基づく「意思決定者」

ビジネスジャッジメントルールとは、「**事実調査は十分か、十分に検討・審議を尽くしたか、導き出された結論は一般に説明できる合理性があるか**」という経営判断の原則である。取締役会などでの重要な意思決定は、こうしたプロセスを経た上で、合理的判断に基づいてなされなくてはならない。

合理的な意思決定や判断には、正確かつ充分な情報が不可欠であり、その情報の多くは現場にある。現場からその情報を吸い上げ、取捨選択して上長に報告する仕掛けと風土が不可欠であり、それを整えることで合理的な判断や意思決定ができるようになる。

つまり、ホウレンソウ（報告・連絡・相談）グセの徹底である。これを現場や管理職に理屈で理解させることは難しくはないが、実践させるのはそう簡単ではない。

「このくらいのことはいちいち伝えなくていいだろう」

「下手なことを言って怒られたり、仕事を増やされたらたまらない」

「処理のめどが立ってから後で報告しよう」

「果たして報告したことが何の役に立つのか？」

このような心理が現場には働きやすい。

現場からリアルタイムな情報が上がってこなければ、適切な判断と指示ができない。そればかりか、情報不足で現場感を失った取締役は感覚や勘に徐々にズレが生じていく。それが方針のズレとなって、組織をミスリードすることにもつながりかねない。

情報が適宜共有されるコミュニケーションシステムを構築するには、単に便利な情報共有ツールを導入するだけでなく、**自ら現場に足を運び、現場の声に耳を傾ける姿勢**が必要だ。さらに現場に対しては、上長へのホウレンソウを高く評価する姿勢を示す。こうした

ホウレンソウグセの浸透と風通しの良い風土作りが、健全な組織運営の基本である。

現場からの情報に基づいて仮説を組み立て、取締役会への提言や他部署への提案プレゼンに生かしていく。現場の実態や生のデータに裏打ちされた戦略や提言には説得力があり、現場意見が反映されているので実行力も担保されている。

ただし、人を説得するだけの論理性が取締役に伴っていなければ、どれだけ現場から集まった情報量や精度が高くても、トップや他の役員を説得することはできない。

【ロジカルシンキングのフレームは最低限押さえる】

したがって取締役には、多くの局面で「**論理的思考**」（**ロジカルシンキング**）が必要とされる。経営の現場で日々発生する様々な問題や課題を解決するにも、論理的思考が必要になる。

問題の本質を見極め、問題を構造的に捉え、合理的な解決策を選択し、その妥当性をわかりやすく周囲に伝えるためにも、このロジカルシンキングは有用である。

ここでは、ロジカルシンキングの最もオーソドックスなメソッドや切り口を紹介する。

○ＭＥＣＥ

ＭＥＣＥとは「Mutually」「Exclusive」「Collectively」「Exhaustive」の頭文字で、モレなく、ダブりなく、全体をカバーして切り分けることを指す。ＭＥＣＥには事業戦略を考えるメソッドとしてパターン化された切り口がいくつかあり、これらは最低限押さえておきたい。

○ロジックツリー

上位概念をブレークダウンして下位概念を抽出し、その概念を構成する要素とその因果関係を把握する。問題箇所や強化すべき箇所を特定しやすくなり、解決策を論理的に導きやすくなる。

○事業分析の３Ｃ

３Ｃとは、「自社（Company）」「競合（Competitor）」「顧客（Customer）」を指す。自社が置かれた環境を分析するのに役立つ。顧客と自社との関係性が強い領域をいかに増やし、競合が介入する領域では競合に勝る価値をいかに提供していくかを考えるのに役立てる。

○マクロ環境分析のＰＥＳＴ

ＰＥＳＴとは「政治・法律（Political）」「経済（Economic）」「社会（Social）」「科学技術（Technological）」の頭文字で、企業を取り巻くマクロ環境を指す。自社の戦略を立案する上でこの各項目を意識し、押さえるべき重要情報を抽出する。

○5つの力（ファイブフォース）

企業が置かれている競争環境を理解するための切り口。当該業界における脅威を、①既存競合相手の脅威、②原料・商品などを供給する売り手の交渉力、③自社の商品・サービスを購入する買い手の交渉力、④新規参入者の脅威、⑤代替品の脅威、の5つに分類し、それらを俯瞰して参入・撤退を検討する。この「5つの力」のうちどれが自社に最も影響を及ぼすかを理解することで、今後直面する脅威を予測できる。

自社を脅かす存在は業界内競合だけではないことがわかり、自社にかかる5つの力に対してどのような交渉力や優位性を保持すべきかを、このフレームによって整理することができる。

こうした「論理的思考ツール」の切り口と使い方をある程度まで体得しておき、取締役会などでどのような角度から問われたとしても、論理的に答えられるようにしておく。

また、日ごろから自社の事業や商品の成長戦略に関する仮説を常に模索し、その検証を繰り返すように癖づけをしておくことで、自ずと論理的な思考力と説明力が高まっていく。

❖②取締役会の決定事項を実行に移す「執行者」

業務執行取締役は、取締役会の決定事項を速やかに執行し、その進捗状況を取締役会に報告する義務を負っている。その報告内容は議事録に証拠として残される。

決定事項を執行していくには「動かせる組織」が必要だが、組織は生き物であり、日ごろからこれを維持する努力が欠かせない。これについては先の章で述べたとおりだ。

会社の決定事項や方針がスムーズに浸透し、着実に実行に移されていく上で必要なのは、現場リーダーとの日ごろからのコミュニケーションと信頼関係に他ならない。

❖③法令違反・定款違反・不正やミスを未然に防ぐ「監査係」

「監査」というと、会計監査が主な仕事と捉えられがちだが、実際には法令違反・定款違反・不正やミスを未然に防止するなど、その対象範囲は多岐にわたっている。これらを遂行するために、**取締役は調査権および差止請求権を持っている**。

昨今、後を絶たない企業不祥事の多くは、内部告発によって明るみに出ている。不正を犯した者を咎《とが》める以前に、不正が発生してもおかしくない仕組みや環境を放置していた自社の体制や体質をまず正さねばならない。不祥事を未然に防ぐ仕組み、チェック体制が整備されていれば、不正や不祥事はある程度未然に防止できる。

不正には、それを起こす人間に起因する問題があるとしても、「不正を犯してもわからないだろう」という環境を作ってしまった会社側の問題も小さくはない。

多くの不正の発生原因は、「他者が見ていない」という閉鎖性にある。第三者が監督する仕組みが確立されていれば、もしも社員の誰かが誘惑に駆られたとしても牽制機能が働くので、不正の芽を未然に摘むことができる。こうした相互監視を良い意味で確立する必要がある。

【性弱説に立ったマネジメントを】

取締役には、性善説、性悪説の両方の観点に立ったマネジメントが求められる。性善説に軸足を置きながらも、人間には悪の芽も内在しているという事実を直視しなければならない。したがって、取締役がむしろ拠《よ》って立つべきは〝**性弱説**〟である。「人の弱さ」が悪なる芽を引き出してしまうという考えである。「つい魔が差した」ということが起こらないように、牽制の眼差しが働く状態にしておくのだ。

特に着服・贈収賄などお金に絡む問題は、相互牽制システムの欠陥によって生じるものが大半である。

金銭的不正には2種類のパターンがある。「金銭に窮《きゅう》してやむを得ず」というケースと、「自分は給料以上の仕事をしているから、それに見合ったお金をもらっても当然だ」という心理が働くパターン。

最初は「少しぐらいなら」から始まり、徐々にエスカレートしていく。不正を働くのはどちらかというと、小知恵の働く人間が多い。したがって、「社員を信じる」という性善説だけでは、人間の持つ「邪の芽」を放置し、結果的に大きくしてしまう。

しかし、あからさまに性悪説に拠ったマネジメントは、「監視する側」と「監視される側」という、信頼関係の薄い構図の組織を作ってしまう。互いへの疑心暗鬼で満ちた組織に高いパフォーマンスは期待できない。会社をそんな雰囲気にはしたくないものだ。

したがって、取締役には、性善説と性悪説の両説を踏まえた上で、〝性弱説〟に立脚した監査が求められる。古代中国の思想家である荀子《じゅんし》と孟子《もうし》はこの相対立する両説について、次のように唱えている。

荀子の「性悪説」にはこう記されている。

- 人間の生まれつき持っている性質は「悪」である
- 本性が悪なのであるから、善なる人間になるはずはない
- 放置しておくと悪へと向かう傾向を持つので、「礼による規制」「教育による規制

（学習）」により阻止せねばならない

他方、孟子の「性善説」では、人間の性にはもともと次のような「善の芽」（四端《したん》の心）が存在すると記されている。

- 惻隠《そくいん》の心…同情心のないものは人ではない（同情心、思いやりの心）
- 羞悪《しゅうお》の心…自分の不正を恥じ、人の不正を憎む心のないものは人ではない（不正を恥じ憎む心）
- 辞譲《じじょう》の心…他人に推し譲る心のないものは人ではない（謙遜して人に譲る心）
- 是非《ぜひ》の心………善を善とし、悪を悪とする心のないものは人ではない（是非善悪を分別する心）

こうした人間の特性を踏まえた上で「**相互牽制の仕組み**」を各所に築きつつ「**相互の信頼関係**」に基づいて働ける組織づくりを目指していきたい。あらゆる業務や外部業者との接点において、閉鎖性や属人性をできるだけ排除するのだ。

一方、確かに内部統制やリスク監視の枠組みはもちろん最低限は必要だが、そこに携わる人が大きな権限や役割を担いすぎるのは好ましくない。現場の実情を理解していない人間が、昨今潮流となっている「ガバナンス」の名のもとに監査や統制の権限を振り回している状態は要注意である。顧客ニーズや市場動向よりも監査や統制の枠組みが優先されるようになり、業績がじわじわと停滞し始める。しかし、**管理畑の監査マンやチェックマンには、行き過ぎた監査や統制による業績停滞の責任を取ることはできない**。

あくまで**ガバナンスや内部統制というのは会社の基盤や枠組みのひとつであり、その上で営業戦略や組織運営が正常に機能していることが大前提**である。経営にはブレーキや安全装置は必要だが、そもそもエンジンやアクセルがないことには事業は成り立たない。こうしたブレーキとアクセルの踏み分けをコントロールするのも取締役の役割に他ならない。

役割分担として、ブレーキ役を担う取締役とアクセル役を担う取締役が分けられている企業は多い。しかし、この両者が決して対立関係に陥ることなく、「**会社をリスクから守**

り、安定成長させ続ける」という共通ミッションを背負っていることを互いに念頭に置き、会社という大きな車を共に動かさねばならない。

❖④取締役会決定が適正に執行されているかどうかをチェックする「監督者」

「**取締役会の決定事項が執行担当取締役によって滞りなく誠実に執行されているかを監督する**」、これも取締役に託されている仕事だ。

前述が組織に対する牽制機能だったのに対して、こちらは他の取締役に対する牽制だ。他の取締役たちを、きちんと監督するのも取締役の大事な義務なのだ。自分の担当ではないからといって関心を持たないのは、この義務を怠っていることになる。

他の取締役が取締役会に議案を諮《はか》ったり、報告を行った際に、何も意見を言わずに承認したなら、自分が起案者でなくてもその責任が発生する。よく話を聞いて、「おかしい」と思ったら、質問や疑問を投げかけなくてはならない。賛同できないなら反対の意思表示をしておくことで、賛成多数で可決されたとしても反対票を投じたことは議事録に記録されるからだ。

実際の取締役会は、なかなか異議を唱えにくい雰囲気であることは確かだが、こうしたことは知っておいていただきたい。

❖上場企業を取り巻く「政策潮流」は最低限理解しておく

【「知らない」ではすまされない内部統制】

粉飾決算などの企業不祥事や不透明経営の改善を目的として、２００８年に日本版ＳＯＸ法（サーベンス・オクスリー法）が施行された。上場企業は例外なくこれに対応しなければならないが、非上場企業にとっても参考になる部分は少なくない。

まずは、本家アメリカのＳＯＸ法について触れておきたい。

企業には、利害関係者に対する「**開示責任**」がある。株主、金融機関、取引先、それに従業員などに対して、自社の経営が適切に行われていることを開示しなければならない。

そこで、企業の利害関係者への適切な情報開示を目的として、アメリカで先行施行されたのがＳＯＸ法である。このＳＯＸ法では、財務に関する不正や改ざんを未然に防止するために、業務フロー・業務記述書・リスクコントロールマトリックスという3点セットの運用を義務づけている。取締役はそれらについて、最低限は理解しておく必要がある。

１１１ページの図10でＳＯＸ法制定の背景を説明する。

こうした法律が必要になったのは、アメリカにおいて企業の粉飾事件が立て続けに起こったことが背景にある。世間を揺るがす大きなニュースになったエンロン社やワールドコム社の粉飾事件のことをご記憶の読者も多いであろう。

アメリカでこうした大型の粉飾事件が起こったことで、投資家に上場企業への不信感が芽生え、株式市場の信用に大ダメージを与えかねない事態に至った。企業が適時適正に開示すべき財務諸表を自らが雇った会計士に作成させ、自らが依頼した監査法人に監査させるのでは、依頼主企業に都合のいいように歪曲される恐れが高いことも指摘されはじめた。こうした粉飾不正の発生リスクを抑え、株主を保護することを目的としてＳＯＸ法が制定されたのだ。

監査法人にしても、監査対象の企業からお金をもらって生計を立てている。発注主から

■図10　SOX 法制定の背景

エンロン事件	**大規模な粉飾決算** 業績不振のグループ会社を連結決算の対象から外して粉飾決算。社会的信用を失い、後に倒産。
ワールドコム事件	**不正な経理処理** 費用として計上すべき項目を資産として計上し、利益を多く見せかけていた。事件発覚後、まもなく倒産。
西武鉄道事件	**有価証券報告書の株主記載の虚偽** 上位 10 位の大株主保有割合が、実際は上場廃止基準の 80%を超えていた。株価大暴落→上場廃止。
カネボウ事件	**大規模な粉飾決算** 業績不振のグループ会社を連結決算の対象から外して粉飾決算。粉飾決算総額 2000 億円強。
雪印・不二家事件	**食中毒発生・期限切れ商品の出荷** 基準値以上の細菌が商品から検出。一時期、商品が店頭から全品撤去。会社は分断、大幅縮小。

▼

不信感
・企業が開示する財務会計情報は信用できるのか？
・監査法人はちゃんと監査を行っているのか？

▼

法律による対策（米国）
2007 年 7 月米国企業改革法（サーベンス・オクスリー法）

→

法律による対策（日本）
2008 年 3 月決算期から施行日本版 SOX 法

■図11　内部統制の進め方

①全体計画	内部統制の整備	経営トップ層による、内部統制に関する整備運用方針の決定
①全体計画	評価範囲の決定	財務諸表の表示・開示について、金額的・質的影響の大きい業務・事象から順に、内部統制の評価範囲を決定する。
②有効性評価	内部統制の評価	全体レベルの文書化と有効性評価＋業務プロセスレベルの文書化と評価「職務分掌表」「業務フロー」「リスクコントロールマトリックス」「ウォークスルー文書」「リスク対応チェックリスト」などのドキュメント作成
②有効性評価	内部統制の有効性の判断と是正	内部統制システムの「整備状況」の有効性評価と是正（整備状況の有効性評価記録） 内部統制システムの「運用状況」の有効性評価と是正（整備および運用状況の有効性評価記録）
③まとめ・監査	評価結果の記録と保存	運用テストの結果を記録、ＩＴ全般統制評価記録の作成
③まとめ・監査	内部統制報告書の作成	経営者による「内部統制報告書」作成、監査法人による「内部統制監査報告書」作成

の要請を断りにくい立場にあり、監査法人を巻き込んだ粉飾事件が実際に日本でも過去に何件か起こっていて、それによって大手監査法人が解体された経緯もある。

こうした背景を受けてアメリカのＳＯＸ法が日本に輸入され、２００８年の日本版ＳＯＸ法（Ｊ－ＳＯＸ）制定に至っている。

具体的には、主要な事業セグメントに関する業務フロー及び業務記述書を作成し、各業務プロセスにおいて発生し得るリスクを洗い出してリスクコントロールマトリックスにその未然防止策を整理していく（１１１ページ図11参照）。

業務フローを整備しないまま属人的に業務を回すのではなく、これらを整備して業務を可視化することによって再現性を担保するとともに、業務改善も図りやすくする。

また、各業務プロセスにＫＰＩを設定できるので、コスト削減や生産性向上が図りやすくなるという副次効果もある。未上場企業は適用対象とされていないが、このＪ－ＳＯＸの枠組みには参考にすべき部分が大いにある。

【コーポレートガバナンスとスチュワードシップ・コード】

内部統制に続いて、上場企業の経営に大きな影響を及ぼす施策が第二次安倍内閣によって打ち出された。アベノミクスの「三本の矢」の成長戦略のひとつに含まれていた「コーポレートガバナンスの強化」がそれにあたる。

日本版SOX法による内部統制が、不正や粉飾リスクを回避することで投資家を保護することを目的としていたのに対し、コーポレートガバナンスは企業の価値向上を目的としており、経営の本質にさらに踏み込む内容になっている。

このコーポレートガバナンスを知るには、2013年に閣議決定された**「スチュワードシップ・コード」**をまず理解する必要がある。スチュワードの直訳は「執事」という意味で、スチュワードシップは「執事の心がけ」ということになる。信託銀行、年金基金、生保会社などの機関投資家のことを「株主の資産を守る執事」にたとえて、運用受託者の心得や行動指針を定めた**「責任ある機関投資家の諸原則」**が、このスチュワードシップ・コードなのである。

「投資先企業の経営に積極的に働きかけることで企業価値を高める」というのが大枠の趣旨である。これを採択した機関投資家は、対話を通じて投資先企業の問題点を改善するように働きかけ、時には議決権行使によって経営に規律を与えるという動きをしなければならない。法で強制されるものではないが、多くの機関投資家がこれを採択しており、これによって「**もの言う株主**」が急増することとなった。

彼らは資本効率などの観点から緻密《ちみつ》に投資先企業を研究しており、その指摘や助言には的を射た内容も決して少なくない。彼らと向き合っていくには、企業側もこれまで以上に自社や業界を緻密に分析し、それに基づく成長戦略を提示する必要に迫られる。また、そうした機関投資家の提言で有用なものは積極的に経営に取り入れていかねばならない。

こうしたやり取りの矢面に立つのは、やはり取締役である。これまで以上に株主や投資家の視点に立って経営にあたっていくことが、取締役に求められるようになったのだ。

そして、このスチュワードシップ・コードに続いて、2015年から「**コーポレートガバナンス・コード**」が適用開始され、東京証券取引所がこれを上場基準として採択したことによって上場企業に一気に広まることになった。

同コードでは企業に「2人以上の社外取締役の選任」を求めており、それまでほぼ内輪の役員だけで執り行われていた取締役会に、社外専門家の知見やチェックが入るようになっていったのである。確かに、これによって取締役会の運営が適正化されるのは好ましいことではある。

【業務執行取締役は、社外取締役と渡り合える実力をつける】

しかし、その一方、数字結果責任をさほど負わない社外取締役は、どうしても数字や成果よりもリスク回避やコンプライアンス遵守を優先させる傾向にあり、結果として事業のスピード感を停滞させてしまうという懸念もある。したがって、数字と事業の執行責任を負う取締役には、取締役会などで彼らを説得するだけの実力が求められる。根回しや人間関係で議案を通せた古き良き時代はもう終わったのである。こうした枠組みを通じて、企業経営の適正化と持続的成長を促すのが、同コード施行の狙いとするところなのだ。

そしてさらに、東京証券取引所が改訂版コーポレートガバナンス・コードを2018年6月に発表した。その改訂内容は多岐にわたり、「**経営戦略の明示**」「**最高経営責任者（CEO）の選任・解任手続きの明確化**」「**取締役会の機能発揮**」「**企業年金運用の体制確立**」「**政策保有株式の縮減**」などがコードに追加された。

特に注目すべきは、経営トップの適切な選任及び解任を取締役会に要求している点である。具体的には「**取締役会は客観的で透明性のある手段で経営トップを適切に選任し、逆に適任でないと判断した場合は客観的で透明性のある手段を通じて速やかに解任しなければならない**」という内容である。改訂版コーポレートガバナンス・コードの要諦は、まさにここにあると思われる。取締役会（つまり取締役）は、「**株主利益の観点から社長を選任・解任する**」という機能と役割を背負わなければならないのである。

しかし、多くの日本企業において、そのようなことは口で言うほど簡単ではない。古い体質の日本企業では、取締役の選任過程で「上役による引き上げ」などの社内政治や派閥の論理がいまだにまかり通っていることが多い。こういう風土の会社では、「引き上げ力のある取締役」に対する〝忖度《そんたく》力〟のようなものが出世の必須スキルとなりがちで、それを駆使することでのし上がってきた取締役は、上役に対して条件反射のように忖度発言をしてしまう癖が染みついている。

こうした取締役で構成された経営体は、トップや一部の有力役員の方針によってのみ経営が左右されるリスクをはらんでいる。例として多少極端なケースを取り上げたが、こうしたことが原因となって業績低迷や不祥事につながってしまった場合、株主の利益は大きく棄損されることになる。そこで改定版コーポレートガバナンス・コードでは、経営トップの資質や人物像を文書として定義することを義務づけ、企業にとって最も適正な人物がトップに選任されるように導こうとしているのである。

取締役というのは、株主の利益を守るべき立場にもある。保身にばかり走るのではなく、万が一、自社のトップが株主の利益を損なうような判断や行動をしそうになったら、それを改めるよう働きかけなければならない。これはコーポレートガバナンス・コードによって義務づけられる以前に、本来、取締役が果たすべき役割だったはずである。

POINT

善管注意義務は、「社内組織に対する牽制」と、「他の取締役の監督」の2つの側面がある

3 取締役の義務その2
～忠実義務～

❖忠実義務の6つの内容

取締役は、会社と株主に対して忠実に委任契約を遂行する義務を負っている。これが「**忠実義務**」だ。個人としての利益と会社の利益が衝突する場合は当然、会社の利益を優先しなければならない。

法令では「**法令・定款・総会決議を遵守し、会社のために忠実にその職務を遂行しなければならない**」とされている。その具体的な内容は次のようなものだ。

①競合避止義務
②利益相反取引の回避
③株主の権利行使に関する利益供与の禁止
④剰余金の過剰配当
⑤他の取締役に対する金銭の貸付
⑥故意・過失によって第三者に損害を与えること

以下、簡単に解説させていただく。

❖①競合避止義務

ある会社の取締役が、同時に他社の取締役になるようなケースや、自身が他社の代表取締役となって事業を行うケースも決して少なくはない。

しかし、取締役は、委任契約を交わしている会社と似たような事業、競合関係にある事業を行ってはいけない。また、そういう会社の取締役になってもいけない。

悪意がなく結果的にたまたま競合してしまったとしても、競業避止義務違反に問われることもあるので、もし競合・競業のリスクや恐れが少しでもある場合は、あらかじめ取締役会に諮っておく必要がある。

❖②利益相反取引の回避

取締役は、自身が関与する別の会社と自社との間に、いずれかを利する取引関係を持つことに加担してはならないし、直接的にも間接的にもこれを誘導してはならない。

たとえば、自分の身内や知人の会社との取引がこれに該当する。身内の会社が売り手の場合は高く売ることが利益になるが、逆に自社にとっては安く買うのが利益になるので、この両者は利害対立関係にある。この両者に関与することで片方に利益（不利益）をもたらすことを**利益相反取引**といい、ましてや取締役の立場を利用してどちらかに不当に利益

（不利益）をもたらしたとなると、それは商取引上大きな問題とみなされるのだ。

この例のように、利益相反取引によって、身内の会社に利益をもたらしたことによる自社への損失が証明されると、過失責任を問われる。さらに、自己の利益を得るための利益相反取引の場合は、過失が証明されなくても責任を問われる（**無過失責任**）。

利益相反取引の恐れがある取引には細心の注意を払うべきであり、利益相反取引の恐れがあるものの諸般の事情によって取引を回避できない場合などは、取締役会に諮って事前承認を得ておく必要がある。ただし、仮に承認を得たとしても、その取引によって自社に損害が生じた場合はその責任を問われることを認識しておかねばならない。

❖ ③株主の権利行使に関する利益供与の禁止

株主総会で質問するなど、株主が権利を行使しようとした際に、金品などを与えてこれを阻止してはいけない。反対に、株主を抱き込んで「もっとやってくれ」と煽《あお》ることも禁止されている。

❖④剰余金の過剰配当

配当可能な利益が出ていないにも関わらず、株主に配当をすることは禁じられている。たとえ株主のためであっても、会社に残すべき資金まで配当に回してしまうのは許されない。利益に応じた適正配当を株主に還元し、「株主への利益還元」と「会社成長の原資」の妥当バランスを考慮する必要がある。自社なりの還元基準や指標に則して、取締役会で十分に検証した上で配当性向や配当額を決定する必要がある。

❖⑤他の取締役に対する金銭の貸付

取締役同士での金銭の貸し借りは行ってはならない。善管注意義務や相互牽制が機能しなくなるからだ。

また、会社が取締役に金銭を貸与することは会社法では禁止されていないが、これは自己取引と定義されており、あらかじめ取締役会の承認を得る必要がある。所有と経営がまだ分離していない中小企業は、なおさらこのことに留意する必要がある。

❖⑥故意・過失によって第三者に損害を与えること

取締役は、顧客や取引先などの債権者および株主に対して、責任を負っている。取締役の「**故意または重大な過失**」を伴う任務、不法行為、虚偽記載に起因して、前出の第三者に損害を与えた場合、その損害を賠償しなければならない。

POINT

取締役個人の利益と会社の利益が衝突する場合、取締役は会社の利益を優先しなければならない。

4

取締役は訴訟リスクを背負っている

❖善管注意義務と忠実義務を怠ったら株主代表訴訟

ここまで述べてきた「善管注意義務と忠実義務」を取締役が怠った場合、任務懈怠《けたい》責任を問われて「**株主代表訴訟**」の対象となる。

かつては、責任追及額が大きいと裁判所への申立手数料も高額化していた制度も幸いして訴訟が少なかったが、法改正により裁判所への申立手数料が一律1万3000円となったことも影響して、2007年を境に株主代表訴訟件数は増加の一途をたどっている。

株主はまず、当該取締役への損害賠償請求の訴訟を提起するよう会社側に請求する。この請求を受けて、会社側は当該取締役への訴訟を行うかどうかを60日の検討期間中に判断する。この検討期間が経過しても会社が訴訟提起しない場合、株主が会社の代わりに「株主代表訴訟」を提起できるというのが、この制度の趣旨である。

万が一、株主代表訴訟で敗訴した場合、善管注意義務と忠実義務を怠ったことによって会社が被った損害額、及び取締役の立場を利用して自ら（または自らが関与する第三者）にもたらした不当利益を、個人として賠償しなければならない。それだけでなく、利益供与や特別背任罪に該当する場合などは刑事罰にも問われる。

また、問題となった取引に直接関与していなくても、監視義務を怠ったとして周囲の取締役も連帯責任を負わされる危険もある。

たとえば、大手不動産会社がマンション用地買収に関連する詐欺に巻き込まれて約55億円強の損害を被るという事件があったが、この取引を最終決裁した取締役に対して損害額と同額の損害賠償と遅延損害金の支払いを求める訴訟が起こされている。地裁への訴訟を起こしたのは、たった1人の個人株主である。

❖訴訟から自分の身を守るための方法

「責任が重すぎる。なんとか回避する方法はないのか？」と受け止める方もいるだろう。これを回避したり、低減する方法がないわけでもない。株主から「あなたには責任はないよ」と認めてもらえばいいのだが、取締役の責任の軽減には「**総株主の同意**」が必要となる。また、定款に「**責任軽減規程**」「**責任限定契約**」の条項を盛り込むことで、最低限の回避が可能となる。

取締役個人レベルのリスクヘッジとして、「**D&O**（Directors & Officers）**保険**」（会社役員賠償責任保険）には加入しておくべきであろう。

D&O保険は、株主代表訴訟のほか、第三者訴訟（取引先、顧客、投資家、従業員などが取締役に対して起こす損害賠償請求）で取締役が訴えられた際に、勝訴・敗訴に関わらず高額な賠償金や弁護士費用、その他の争訟費用をカバーしてくれるものである。

株主代表訴訟数が多いアメリカではポピュラーとなっており、日本でも保険各社が提供している。日本の株主代表訴訟の７割は未上場企業で占められていると言われており、中小企業の取締役にも身近な存在となっている。

ただし、この保険に加入するには、取締役が個人で掛け金を払わなければならない。また、取締役自身に法律違反があった場合には、保険金は一切支給されないことを知っておこう。

POINT

取締役は株主代表訴訟の対象になる。
善管注意義務と忠実義務をしっかり理解しよう。

5
「名ばかり取締役」の恐怖

❖ 〝名目上〟であっても、取締役の責任からは逃れられない

このように取締役になると、法的に重い責任を負うことになる。したがって、いわゆる**「名ばかり取締役」**には絶対になってはいけない。実際に、訴えられたケースもある。

A子さんは、夫が社長を務める会社の取締役になっていた。出勤もせず、取締役会にも出席しない。わずかな取締役報酬がもらえるだけの、本当に名ばかりの取締役だった。やがて会社の経営が傾き、夫婦仲にも亀裂が入り、離婚してしまった。

その後、社長である元夫の放漫経営に腹を立てた株主から訴訟が起こった。そして、当時の取締役であったA子さんも被告となったのである。

「夫とはもう離婚しているし、取締役も退任しているのだから関係ない」

とA子さんは主張したものの、事件当時は取締役だったので、責任を負わされることになった。経営に関しては責任がないが、監督義務をまったく果たしていなかったとみなされたのだ。

❖取締役退任後も債権者からの請求が送られてくる？

こうした訴えを起こすのは、株主だけではない。その企業の倒産時に未収債権や不渡り手形を食らった取引先などから、「未払い代金を支払え」という通知が名ばかり取締役のもとにも突然届くことがある。経営者が雲隠れしてしまったので、登記簿に名前が載っている取締役に内容証明郵便を送りつけてくるのだ。こうした話は、現実に頻発している。

以前の商法では、株式会社には３人以上の取締役が必要とされていたので、辻褄《つじつま》合わせで配偶者や親戚、知人を形だけの取締役にするという〝名ばかり取締役〟が当たり前のように存在していた。ただ、たとえ名目上だけの取締役であっても、法的には「会社や第三者に対する損害賠償責任」を負っているのだ。

２００６年の会社法の施行に伴い、定款で定めれば取締役は代表取締役１人だけでも株式会社の要件を満たすことになった。

もし、いまだに名ばかり取締役になっている場合は、すぐさま退任を申し出ることをお勧めしたい。

POINT

名目上の取締役でも法的責任は変わらない。自分がなっている場合はただちに退任を！

本章のまとめ

- 取締役は、株主から委任を受けた経営のプロである
- 取締役は、善管注意義務を負う
- 取締役は、忠実義務を負う
- 取締役は、株主代表訴訟のリスクを負う
- 名目上の取締役でも、取締役の義務と責任を負う

第4章

取締役を待ち受ける「落とし穴」と「巧妙な罠」

絶対に失敗しない唯一の人間とは、何もやらない人間のことである。

セオドア・ルーズベルト　（アメリカ合衆国大統領）

1 取締役特有の悪習慣が身についていないか？

❖取締役は自らを律することができなくてはならない

取締役は立場上、株主や社長以外に注意・叱責してくれる存在がいない。それ故に、自らを律する客観的な視点を意識的に持たねばならない。

そうでないと、取締役特有の悪習慣が無意識のうちに身についてしまい、自分自身ばかりか会社まで駄目にしてしまう恐れがある。

❖取締役病を回避するチェックリスト

本章で取り上げるのは、そうした「**取締役が患いやすい悪習慣や病気**」を回避するためのチェック項目である。

①「もうこのへんでいい」という成長停止思考に陥っていないか？
②「今は調子がいいから大丈夫」という過信はないか？
③「オートパイロット機能」への過度な依存はないか？
④社内調整に明け暮れる「政治家病」にかかっていないか？
⑤自部門の権益に執着する「部分最適病」にかかっていないか？
⑥周囲から「裸の王様」に仕立てあげられていないか？
⑦自分が全部やっていると思い込む「勘違い」をしていないか？

お買い求めいただいた本のタイトル

■お買い求めいただいた書店名

（　　　　　　　　　　）市区町村（　　　　　　　　　　）書店

■この本を最初に何でお知りになりましたか

□ 書店で実物を見て　□ 雑誌で見て(雑誌名　　　　　　　　　　)
□ 新聞で見て(　　　　　　　新聞)　□ 家族や友人にすすめられて
総合法令出版の(□ HP、□ Facebook、□ Twitter、□ Instagram)を見て
□ その他(　　　　　　　　　　)

■お買い求めいただいた動機は何ですか(複数回答も可)

□ この著者の作品が好きだから　□ 興味のあるテーマだったから
□ タイトルに惹かれて　□ 表紙に惹かれて　□ 帯の文章に惹かれて
□ その他(　　　　　　　　　　)

■この本について感想をお聞かせください

（表紙・本文デザイン、タイトル、価格、内容など）

（掲載される場合のペンネーム：　　　　　　　　　　）

■最近、お読みになった本で面白かったものは何ですか？

■最近気になっているテーマ・著者、ご意見があればお書きください

ご協力ありがとうございました。いただいたご感想を匿名で広告等に掲載させていただくことがございます。匿名での使用も希望されない場合はチェックをお願いします☑
いただいた情報を、上記の目的以外に使用することはありません。

郵 便 は が き

料金受取人払郵便

日本橋局
承　　認

6827

差出有効期間
2023年8月
15日まで

切手をお貼りになる
必要はございません。

1 0 3-8 7 9 0

953

中央区日本橋小伝馬町15-18
EDGE小伝馬町ビル9階
総合法令出版株式会社 行

本書のご購入、ご愛読ありがとうございました。
今後の出版企画の参考とさせていただきますので、
ぜひご意見をお聞かせください。

フリガナ お名前	性別 男・女	年齢 歳
ご住所　〒 TEL　（　　）		
ご職業　1.学生　2.会社員·公務員　3.会社·団体役員　4.教員　5.自営業 6.主婦　7.無職　8.その他（　　）		

メールアドレスを記載下さった方から、毎月5名様に書籍1冊プレゼント!

新刊やイベントの情報などをお知らせする場合に使用させていただきます。

※書籍プレゼントご希望の方は、下記にメールアドレスと希望ジャンルをご記入ください。書籍へのご応募は1度限り、発送にはお時間をいただく場合がございます。結果は発送をもってかえさせていただきます。

希望ジャンル：☐ 自己啓発　☐ ビジネス　☐ スピリチュアル　☐ 実用

E-MAILアドレス　※携帯電話のメールアドレスには対応しておりません。

⑧「不相応に高額」な取締役報酬を受け取っていないか？
⑨取締役会を「形骸化・硬直化」させていないか？

右の項目で、自分自身や自社の取締役に当てはまるものはないだろうか？
それぞれについて、詳しい解説と対策を挙げてみよう。

POINT

取締役に注意・叱責ができるのは社長と株主だけ！
取締役自身が自らをチェックする必要がある。

2

「もうこのへんでいい」という成長停止思考に陥っていないか？

❖「取締役がゴール」と思うと仕事をしなくなる

「**ピーターの法則**」をご存じだろうか。

「**組織のあらゆる階層は、やがて無能な人間で埋め尽くされる**」という、聞く限りではとても恐ろしい法則だ。

もちろん、最初からそんな状態の会社はない。「もっと上を目指したい、出世したい」という意欲のある人間によって会社は動かされている。しかし、やがて時間の経過とともに、自らの能力の極限まで出世を果たしてしまうと、「もう、このへんでいいだろう」と考えるようになる。「このへんで」という飽和思考への到達ポイントには個人差があって、「取締役になったからいいや」と考える者もいれば、「課長で十分だよ」と思う者もいる。やがて全階層がそういう者で占められると、組織全体の成長意欲と活力が低下し、その会社の成長はそこで止まってしまう、という説である（図12）。

さすがに、全階層が同時にそのような状態に陥る可能性は少ないものの、勤め人の最高到達領域である取締役階層にいたっては、「もうこのへんでいい」という感覚を抱いてしまいやすい側面があるのは、あながち間違ってはいないだろう。

取締役就任を「双六《すごろく》の上がり」として捉える人間からすると、「すでにゴールに辿《たど》り着いているのだから、新しいことに挑戦したくない」と考えるのが自然である。「定年まで、このままじっとしていよう」と考える消極的な取締役と化してしまうケースも実は少なくない。

■図12　ピーターの法則

ピーターの法則

教育学者ローレンス・J・ピーター（南カリフォルニア大学）

有能な社員もいずれは「もう充分だ」という中間管理職の地位に落ち着き、無能な平構成員はそのまま平社員の地位に落ち着く。その結果、各階層は無能な人間で埋め尽くされる

「能力主義の階層社会においては、人間は能力の上限まで出世する。つまり、かつてやる気のあった有能な社員も、いずれは上昇志向のない無能な管理職になる」

幹部社員が患いやすい「エライさん病」

- 管理病
- 伝書鳩病
- 手柄パクリ病
- 政治調整病
- はんこ病

組織の仕事は、まだ出世の余地のある「上昇志向のある社員」によって遂行されるという理論

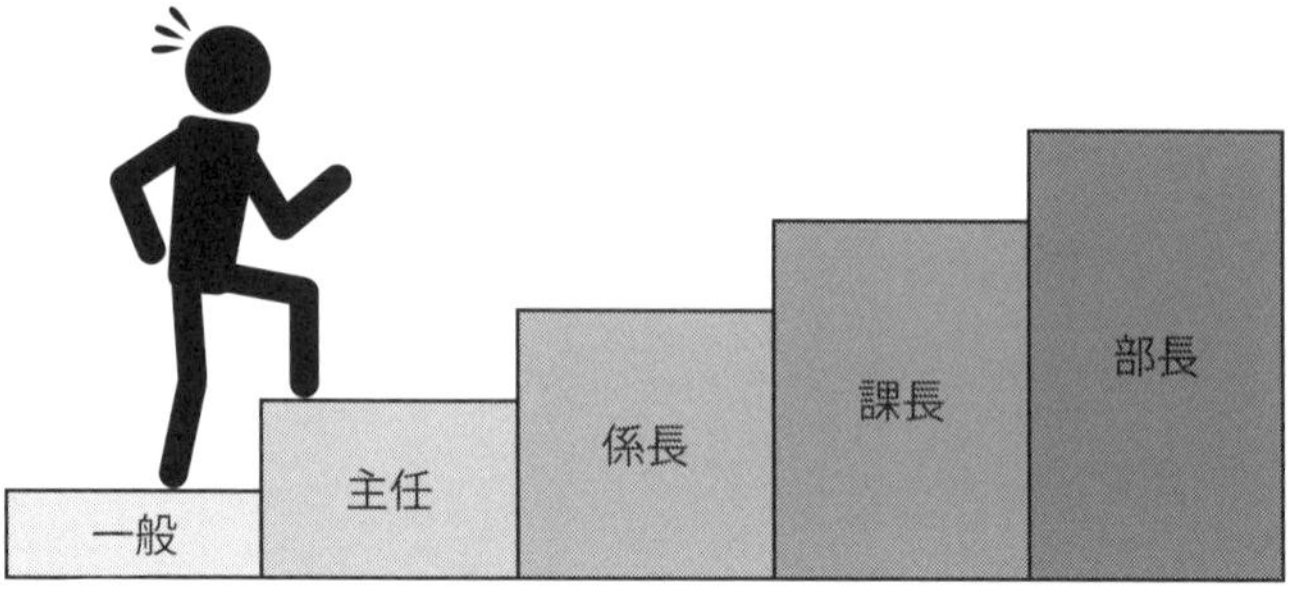

❖取締役としての権利や待遇は後で考える

逆に、取締役となったことで意識バブルを起こしてしまう例も少なくない。ステイタスの高さと引き替えに背負う責任の重さを考えずに、「取締役になったんだから、それなりの権利を行使しよう」と勘違いしてしまうのである。

ある会社の取締役会で実際にあった話である。

新任の取締役が就任後最初に発した言葉は、「取締役になったのだから、グリーン車に乗ってもいいでしょうか？　秘書はつけてもらえるのでしょうか？」だった。

まだ取締役として何も仕事をしていないうちに、環境を先に整えろというのだ。これは完全に勘違いしている。「個室、社用車は当たり前、接待交際費を自由に使っていいんだ」と思い込む。こんな取締役が多い会社は、危険度がより高くなる。

いずれのタイプも、勘違いをしているという点で同じだ。取締役は「会社員ゲームをクリアした勝ち組」ではない。

「取締役の証」は、個室や社用車、専属秘書にグリーン車ではない。テレビの企業ドラマに登場する取締役像に、形から入ってはいけない。

それらの待遇は本来、**「そのほうが会社や組織にとってベターである」**という周囲の判断によって与えられるもので、それを自ら求めるのは本末転倒である。もし、それらを与えられたなら、**その環境に見合った、いや、それ以上の結果を出す義務と責任が伴うことを忘れてはならない。**

POINT

取締役の座に満足したり、権利を請求するのは、本末転倒！

3 「今は業績がいいから大丈夫」という過信はないか？

❖業績のいいときこそ、取締役が果たすべき役割がある

「かつて一度は好業績を経験している」

これは、再生案件となる会社に共通して見られるファクターの一つだ。

いい時期を経験した会社は、そこで経営陣の意識が止まっている。なまじ世間が注目するような好業績を経験していると、そのときの成功体験や意識を引きずってしまう。

会社を建物にたとえて考えてほしい。建物にはその高さに応じて、それを支えるだけの

基礎が地中に築かれる。高いビルを建てようと思えば、それだけ地中深くまで基礎を打ち込まねばならない。

これを会社に置き換えると、事業規模の拡大はビルが高くなるのと同じで、より高いビルになるのだから、当然のことながらその分だけ基礎を強化する必要が生じる。

ところが、事業規模が拡大して売上も従業員も増えているのに、それを支えるマネジメント体制やインフラの整備を怠っている会社が意外に多い。急成長の後に急失速し、ある日突然、倒産してしまうベンチャー企業が多いのもこのためだ（図13）。

そういった悲劇を回避するには、まず取締役がこの構図を頭に入れておくことだ。自社を砂上《さじょう》の楼閣《ろうかく》にしてしまってはいけない。

業績とは、企業活動の結果をあらわす財務指標に他ならない。その結果をもたらす**事業活動の各プロセスにおける本質的価値を見極め、それを強化するのが取締役の役目である。**

企業の長期的安定と成長を考えれば、儲かった分を会社の基礎・基盤の強化や内部留保に充てることを優先すべきであろう。

■図13　かつての「好業績企業」が倒産する原因

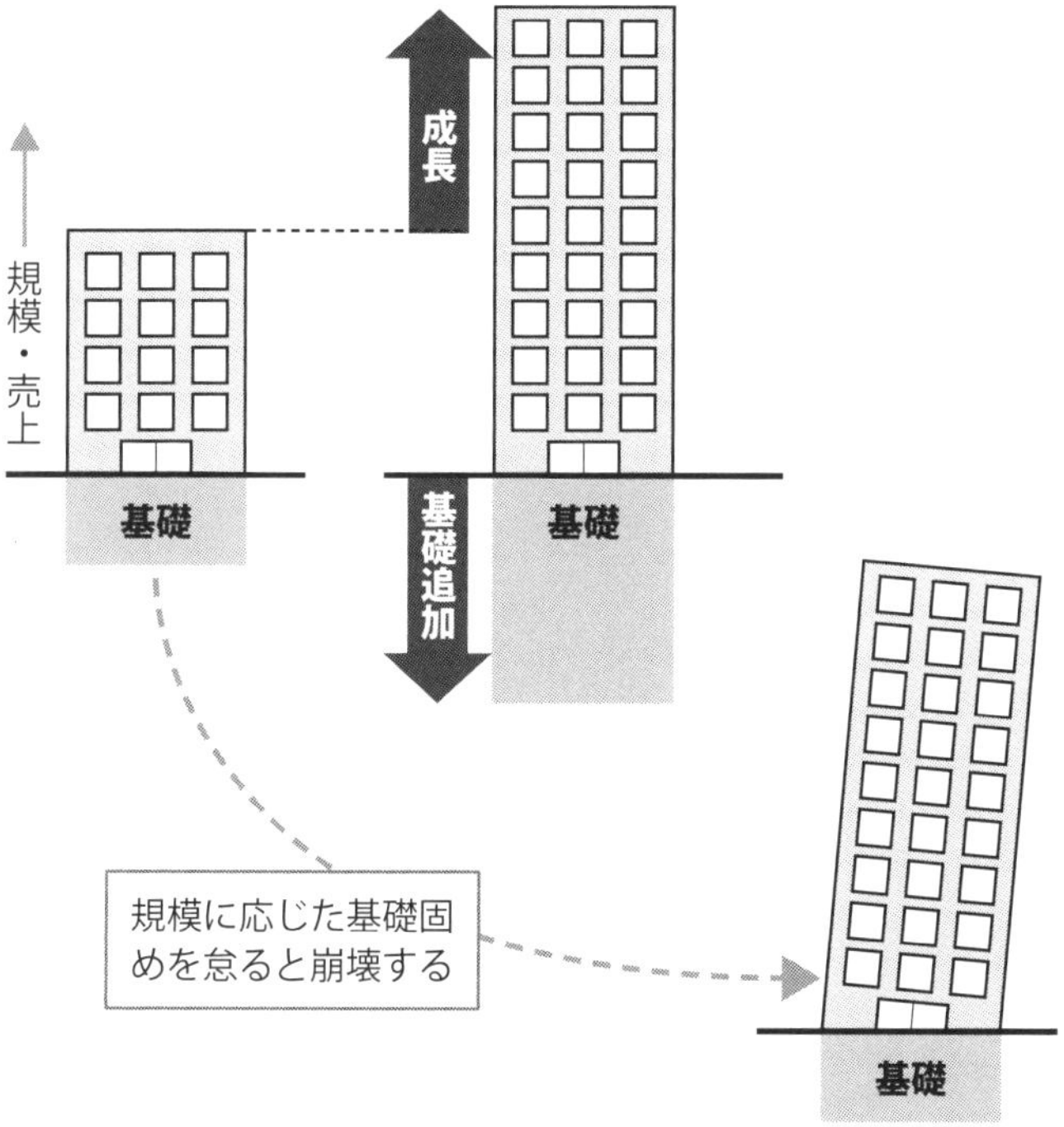

会社の急成長に伴って必要な「基礎の追加」を怠ったために崩壊する

急成長の直後に急失速する企業が多いのはこのため

幹部社員の意識バブル→現場に伝播→今の仕事さえやっていればいいというムード

❖バランスド・スコアカードを活用する

企業活動の各プロセスにおける本質的価値を見極める上で、**バランスド・スコアカード**（※）の活用をお勧めしたい。

このバランスド・スコアカード（ＢＳＣ）は、**「結果としての財務指標」だけでなく、その結果をもたらす「非財務要因」もしっかり整理して突き詰めるべきであるという考え方**である。１９９０年代前半あたりからアメリカで普及し始めた。

端的に言えば、次の４つの視点と引き出しを持って、会社のビジョンや戦略を見つめ直し、目標やＫＰＩへと落とし込んでいくためのツールだ。

①　財務の視点（財務分析による業績評価。儲かっているのか？）
②　顧客満足の視点（企業にとっての顧客は誰か？　その顧客に満足をもたらしてい

るのか？）
③業務プロセスの視点（品質の高い製品やサービスを再現性を持って提供するための業務プロセスはきちんと整備されているか？）
④学習と成長の視点（組織に学習し、成長しようとする意欲とそれを助長する仕組みがあるか？）

この４つの視点と引き出しを持って自社の経営を整理することで、目先の利益だけでなく、組織・顧客接点・業務フローなどのあり方や戦略をバランスよく組み立てることができる。いわば経営全般のバランスをウォッチするツールである。

「利益が出て成長していればそれでいい」という考えに偏りがちな思考を、論理的に正すツールとして活用するのだ。

また、B／SやP／Lなどの財務指標だけでなく、こうした非財務指標の重要性とあり方を明確化することで、営業サポート部門や人事・経理・総務などの間接部門のなすべきことが明確になり、具体的なKPIや目標の設定が可能になる。こうしてビジョンや戦略を組織の末端まで浸透させ、会社全体の一体感を引き出すツールとしても活用できる。

市場、顧客、競合先は常に変化し、進化を続けている。昨日までのやり方が、明日からも通じるとは限らない。経営陣は常に、**「今は確かに儲かっているが、今後もこれでいいのか？」**と問いかけなければならない。本当にその利益が、自社のミッションやビジョンに基づいた事業活動によってもたらされたのかを問うことだ。

経営陣が「儲かっているならいいだろう」と思った時点から、こうした視点が失われる。原点に戻って、**「自分たちは何のために会社をやっているのか」**という問いかけが必要だ。**「勝って兜《かぶと》の緒を締める」**という心構えと、こうした**「全体を俯瞰する視点」**が必要なのだ。

※バランスド・スコアカード（BSC）
ビジョンに基づいた戦略が、きちんと実行されているかを客観的に測定し確認するためのツール。1992年にハーバード・ビジネス・スクールのロバート・S・キャプラン教授とコンサルタント会社社長のデビッド・P・ノートン氏によって発表された業績評価システム。「バランス」という言葉には、さまざまな意味が含まれている。財務指標と非財務指標のバランス、現在と将来のバランス、社内と社外のバランス、自社と顧客のバランスなど。企業の目標が、売り上げや利

益という一面だけでは語れなくなった現在では、さまざまな価値の実現が企業に求められる。

POINT

会社の業績が良いときこそ、取締役は会社の基礎固めに取り組むべきである。

4

「オートパイロット機能」への過度な依存はないか?

❖経営が軌道に乗っているように見えても油断は禁物

組織がある程度の規模になると、経営陣が何か特別なことをしなくても組織が自動的に動き始める。これを「**組織のオートパイロット機能**」という。会社を立ち上げ、そして軌道に乗せるまでの取締役の仕事の大半は、この機能の設計と構築であるとも言える。

しかし、オートパイロット機能が完成したからといって、油断は禁物である。自ら考え、動く組織を作ることが取締役の仕事であるが、自発型ボトムアップ組織を支える仕組みには「これで完璧」という完成型など存在しない。オートパイロット機能は常に進化・更新させていかないと、使えなくなってしまう。

そもそも、オートパイロット機能はあくまで安定飛行時の機能でしかない。離着陸のときや、乱気流などの非常時には使えない。そういった状況になれば、パイロットである経営陣が操縦桿《かん》を握り、機体のバランスを維持しなければ、たちまち墜落してしまう。

常に天候や気流を読み、機体を目的地まで安全に早く飛行させることを考えていなければならない。それが経営陣の役割だ。

「事業はそこそこ軌道に乗ったから、あとは現場に任せて大丈夫」という感覚は、「上空に上がったから、あとはオートパイロットにお任せ」ということだ。同様に、取締役が「現場に出向かなくなる」ということは、オートパイロットに頼って操縦桿から手を離してコックピットに座っているのと同じことである。

POINT

取締役は経営が順調なときほど、非常事態に備えなくてはならない。

5

社内調整に明け暮れる「政治家病」にかかっていないか？

❖社長のご機嫌取りと社内政治はほどほどに

「政治家病」は比較的歴史の古い企業の役員に多く見られる組織病である。組織が肥大化、官僚化したために、多くの取締役が、部下のためではなく、自分自身の保身のために、社内の実力者や社長との人間関係作りに奔走する。

特に「上」を極度に気にする取締役や、自分（自部門）の権益を維持したいという志向の強い取締役が患《わずら》いやすい。

自分の部下や組織を守るために、社長や他の実力者とうまく渡り合うのも確かに重要な仕事ではある。しかし、実務そっちのけで、社長のご機嫌取りにうつつを抜かすようでは、何の価値も生まないポリティシャン（政治屋）と何ら変わりない。

こういう取締役で占められている組織では、視線は顧客ではなく上役に向き、仕事は競合企業ではなく社内ライバルに勝つことが目的となる。そして、取締役は必死に社内遊泳に励んでいる。経営危機に瀕《ひん》した老舗企業に見られる光景だ。

このような企業のコンサルティングを引き受けたら、無意味な徒労を強いられる。

「明日はA取締役にプレゼンするから、喜んでもらえる資料作りを全力を挙げてやってくれ。それからA取締役に都合の悪い指摘事項は、必ず削除するように」

こんな忖度指示が本当に飛んでくるのだ。そして、首尾よく報告会が終了し、その取締役が納得した姿を見てホッとすると、「よかった、いい仕事をしてくれた」と褒められる。「この会社は本当に大丈夫か？」と疑問を抱きながらコンサルティングの仕事を続けるのは辛いものだった。

多額のコンサルフィーを、こんな無意味なことに費やしている現場のマネジャーも悪いが、こうした風土をもたらしたのは、その上役の取締役だろう。その取締役にしても、おそらく顧客ではなく、上ばかりを向いて仕事をしているのだろう。だからこそ、現場の責任者もそうなったに違いない。

このようにして、「理念のため」「お客様のため」という本来の目的を見失い、「上役のため」の組織になってしまう。その原因は、多くの場合は取締役が作っている。

❖不存在デメリットこそが取締役の地位を盤石にする

「取締役には政治活動も必要だろう。いつクビを切られてもおかしくないんじゃなかったのか？」と反論する人もいるかもしれない。確かに取締役の身分は危ういと書いた。しかし、これは労力と時間の使い方が間違っている。

取締役がすべきなのは、会社の中で「**自分でなければできない**」という不可欠な役割を担い、その大きな責任を果たすべく組織を統率していくことだ。「**あの人が率いる部署なしでは会社が機能しない**」という〝不存在デメリット〟が生まれてこそ、取締役としての地位が揺るぎないものになる。空虚な社内政治や上役のご機嫌取りに時間を割かなくとも、何ら問題は起こらない。

取締役の組織内での立場や将来は、上役よりもむしろ**「顧客への提供価値」**と**「部下からの信頼」**に依拠《いきょ》していることを忘れてはならない。

POINT

取締役は社長のご機嫌取りをやめて、部下からの信頼で地位を盤石にしよう。

6

自部門の権益に執着する「部分最適病」にかかっていないか？

❖セクショナリズムはなぜ発生するのか？

会社は有機的な生命体である。人体と同じく様々な機能が有機的に連携することで、初めて全体も正常に機能する。そんな有機体の中で、他の取締役がやっている仕事に対して、「自分は関係ない」という考え方では、会社は機能不全を起こしてしまう。

いわゆるセクショナリズム、部門間の壁はなぜ生じてしまうのか？　その上流を辿っていくと、多くの場合、部門の頂点にいる取締役が他部門に対して無関心であったり、敵対意識を持っていることに起因する。なぜ、そうなってしまうのか。

各部門を担当する取締役が全社としての共通目的を忘れ、自分たちの職務領域や権限に固執するあまり、各部門間での連携・協力を嫌う排他的な考え方に偏っていく。すると、組織の縦の指示命令系統ばかりを追求して、取締役を頂点としたヒエラルキー体系が強固になっていく。自分たちの仕事が他部署の干渉を受けるのを嫌い、全体最適を無視して自部門最適に走る姿勢が強くなってしまう。

社員にしても、所属部門の仕事に対する個別評価が行き過ぎると、全社にとって何が重要であるかを忘れ、自分の目標や評価に関係すること以外には積極的に関わろうとしなくなる。会社の動きは徐々にバラバラになっていく。歩くときに、足の運びと手の振りがバラバラに動いている感じである。

このようにして、セクショナリズムは完成する。

ここでセクショナリズムの要因を整理してみよう。

① 部門間でビジョンと目的の共有がなされていない

②役割分担や事業領域が明確になっていない
③②は明確になっているが、横組織の有機的連携が意識されていない
④利害対立が生じた際の対処について、各部門の担当取締役が話し合っていない
⑤担当取締役が「自分の手柄」に固執する

では、どうすれば解決できるのか。

まず取締役には、広い視野が求められる。自分の部門を見るだけでなく、以下の5つの視座を意識して持っておくべきだ。

①自部門の立場から他部門を監視・サポートする視座
②自部門を離れて全体を見渡す視座
③他部門の立場になって自部門のあり方を考える視座
④顧客の視点で外から会社を客観的に評価する視座

⑤ 株主の視点で企業価値を測る視座

こうした多岐にわたる視座を得た取締役が音頭をとって、縦型の組織に横糸を通すことがセクショナリズム解消の糸口となる。

❖会社組織の基本形態を理解しておこう

ここで、会社組織の基本形態を少し押さえておこう（図14）。

会社の組織の原型、基本パターンはある程度決まっている。①職能別・機能別組織、②事業部制組織の2つに、この両者を組み合わせた③マトリックス組織がある。これが基本形である。プロジェクト組織、ネットワーク組織といった変形パターンもあるが、基本は以上の3つだ。

これら3つの組織形態について、次ページ以降で見ていくことにしよう。

■図14　様々な組織形態

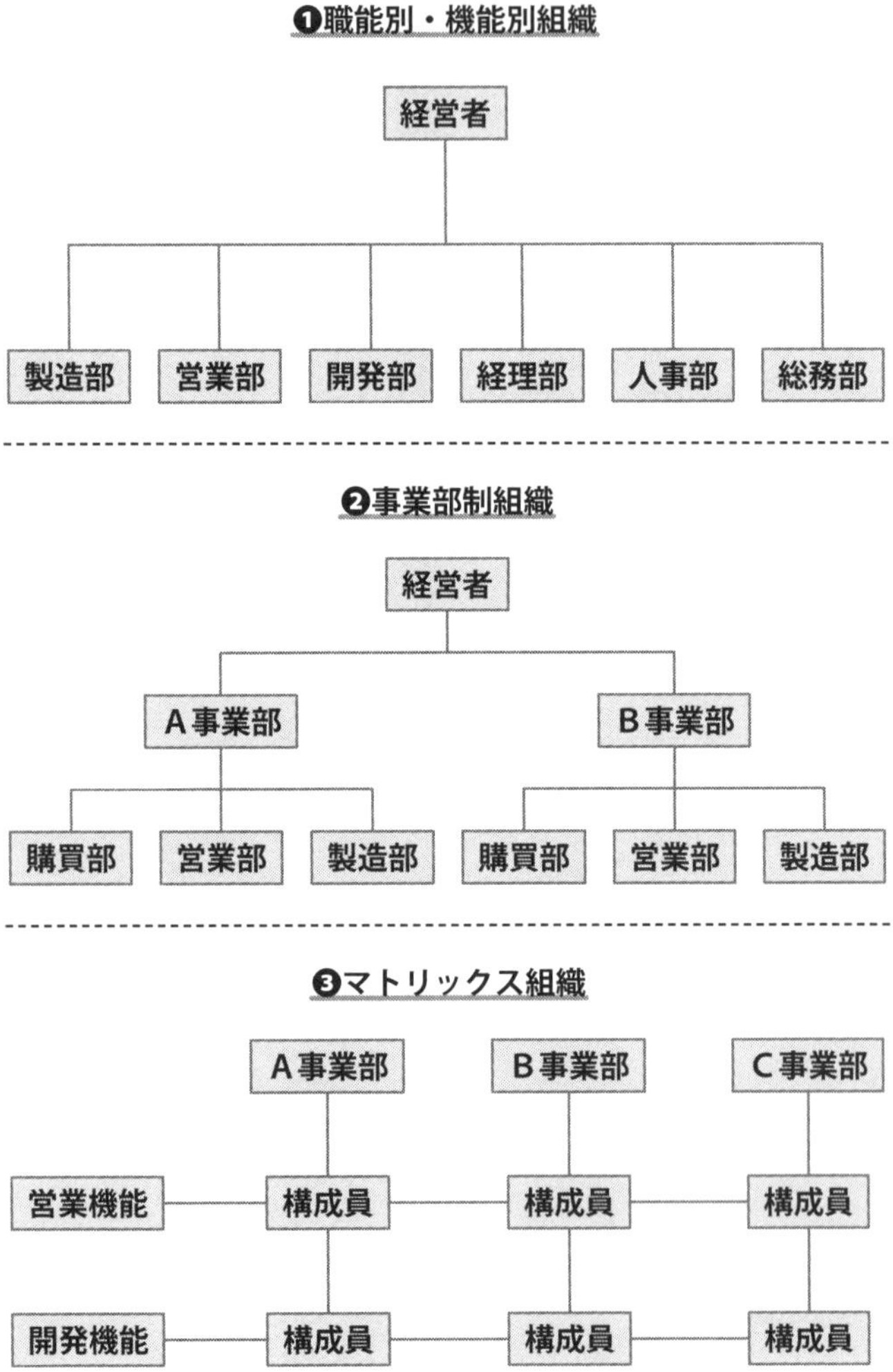
❶職能別・機能別組織
経営者
製造部
営業部
開発部
経理部
人事部
総務部
❷事業部制組織
経営者
A事業部
B事業部
購買部
営業部
製造部
購買部
営業部
製造部
❸マトリックス組織
A事業部
B事業部
C事業部
営業機能
構成員
構成員
構成員
開発機能
構成員
構成員
構成員

①職能別・機能別組織

営業、製造、購買、開発などのように職能別・機能別にユニットを形成した組織形態をいう。まだ小さい会社に見られる組織形態である。経営者、あるいは強烈なリーダーシップを持つ人が采配を振って、各機能を全体的にコーディネートしながら有機的に組織を動かしていく。以下にメリットとデメリットを整理してみた。

［メリット］
・同じ職能や役割の人材を同じ部門に束ねて専門特化させることで、情報やノウハウの共有・蓄積が図りやすい
・部門長による管理監督を行いやすい

［デメリット］
・異なるユニット間の連携・調整に時間を要するため、機動性に欠ける
・部門としての自主性と独立性を保ちにくい
・部門の成果を常に隣の部署に依存する。特に製造部門と営業部門は「せっかく作ったのに営業が売ってくれない」「製造がいいものを作ってくれないから売れない」などの

責任転嫁が起こりやすい

・各機能部門を統括するリーダーに責任と権限が集中しがちになる。その手腕によって組織全体の成果が大きく左右される

②事業部制組織

事業の領域や市場ごとに独立採算的な事業部を構成する組織形態。複数の事業部を束ねる機能として、本社や本部がその上に置かれる。事業内容が多様化すると、経営陣がすべての事業に目を行き届かせることが難しくなる。そこで各事業の利益追求責任とそれに伴う権限を担当役員に与え、各状況に応じた的確かつ迅速な意思決定を促す仕組みだ。

日本では１９３３年に松下電器産業（現パナソニック）が初めて採用した。それを皮切りに、中堅から大手の企業が、次々にこの組織形態を採用していった（ただし、松下電器は後に事業部制を廃止した）。

各事業部は、単独でも会社として成り立つように、事業運営に必要な機能を内包しているが、総務、人事、経理などの共通スタッフ機能は、全社レベルで共有して効率化とコスト圧縮を図っているケースが多い。

［メリット］
・責任と権限が明確なため、部門責任者である取締役が自らの意思決定で事業を動かせる裁量範囲が広い
・市場の変化に応じて素早い意思決定ができる
・利益責任が明確となるため、利益目標の設定とそれを評価する仕組みを運用しやすい
［デメリット］
・各事業部内に間接機能を内包するため、コスト面の重複が生じる。特に間接コストや管理コストが高くなり、非効率が生じる
・部門間の独立性が高く、まるで別々の会社のような動きをするため、部門間連携が困難

このように、事業部制組織では独立採算を優先するため組織ユニットが小粒分散し、組織としての規模の利益が享受しづらくなる面がある。

そこで、機能別組織と事業部制組織のそれぞれのメリット、デメリットを解消すべく誕生したのがマトリックス組織である。

③マトリックス組織

マトリックスとは「格子」という意味である。すなわち、格子のような形状に組織を編成したのがマトリックス組織だ。

事業領域ごとに独立採算的な組織を編成する事業部制を縦串とすると、縦軸組織における共通の機能を横串にして、それぞれを連携・融合させることで、組織間の壁を取り払う効果を狙った組織形態である。事業部制組織と機能別組織の長所を掛け合わせることで、セクショナリズムを解消するとともに、効率化を期待できる。

この組織形態の特徴は、**縦の事業部制組織の責任者と横の機能（テーマ）を司る責任者の2名の指示者が存在する**ことにある。たとえば事業領域別に編成された縦の事業部に属しつつ、その中において営業、開発、システムといった機能を担う横軸のグループにも所属するイメージだ。

［メリット］

・組織の効率性と柔軟性の両立

・異なるミッションを持つ2名の上長のもとで、バランスのとれた視点・能力が養われる。縦では利益責任を負うので「稼げ」と言われる。横の責任者からは「改善」を追求される。稼ぎと業務効率の２つの視点が同時に養われる

・部下の「抱え込み」「私物化」の抑止。「あいつは俺の部下だから」と抱え込むことがなくなる。部下もそれに慣れると、自分は誰のものでもなく会社と顧客のために存在すると考えるようになる

・部門利益優先の事業部門責任者と、各機能の適正化を優先する機能責任者による相互牽制が働く

［デメリット］

・事業部門責任者と機能責任者が対立すると、見解の異なる上司のもとでメンバーが板挟み状態になる

・多くの場合、利益に対して責任を持つ事業部責任者、つまり「稼いでいる」ほうの責任者が、どうしても強い発言力を持ってしまう

ここまで３つの組織形態について紹介したが、いずれの形態も企業の規模や業種業態によってその親和性に差がある。この３つの組織形態を、自社の業種・業態・規模などに応

じてハイブリッドで組み合わせていき、適正な姿を模索するのが現実的だろう。それには、**取締役が「自社のあるべき組織形態」について日頃から論じていくことが大切**だ。

なぜなら、組織の編成によって人の動きは大きく変わるからだ。もたらされる成果もまったく変わってくる。組織戦略は営業戦略と同等かそれ以上に業績に与える影響が大きい。

このほかにも、事業部制を進化させた**カンパニー制**、期間限定で組織横断的タスクフォースを形成する**プロジェクト制**などの組織形態が存在する。どの形態を採るにせよ、これを運営統括する業務執行取締役の間でビジョンと目的の共有がなされていなければ、どんな組織形態を採用してもセクショナリズムが生じてしまう。

結論としては、セクショナリズムを解消する上で重要なのは、組織形態もさることながら、**各取締役が共通のビジョンと目標の達成に向けて連携・融合すること**にある。

❖セクショナリズム解消の実例 ～船井総研の場合～

私が長年お世話になっている船井総研グループは、コンサルティング先の業種ごとに業務組織を編成している。各営業部の部長は、当該部門の予算責任を背負って自らも最前線に立ってコンサルティング業務にあたっている。

各本部では自らの予算責任を果たすために、各々の営業戦略を立てて活動しているが、共通する活動内容もある。たとえば、見込客を対象として、自らの活動内容やコンサルティング手法を知っていただくためのセミナーを開催することなどは、各営業部共通の事業活動である。

こうした共通の活動を切り出し、シェアードサービスとして全部門をサポートする体制が敷かれている。ただ、ここで問題になるのが現場の事情が少しずつ異なる各本部への共通ルールの落とし込みである。あちらの本部に合わせすぎると、こちらの本部からクレームがつき、こちらに合わせると、また別のところから「うちの部の実態に即していない」との声が上がる。

これを解決するために、**「事業担当責任者」**という制度の導入が図られた。この制度の下では、各営業部長に、全社共通の機能や全社的な経営課題の改善責任者を個々に担ってもらうことになる。各事業本部長及び部長は、縦の組織の予算責任と同時に、横軸を貫く機能やテーマの責任をそれぞれ担うのである。

この制度の導入により、シェアードサービスの導入に対してそれまで非協力的であった営業部長も、今度は自らがシェアードサービス側の立場で互いにその導入を考えることになる。このおかげで、全社的な戦略や制度の導入と定着がスムースに図られるようになった。

現実には、この制度がうまく機能したテーマと機能しなかったテーマの明暗がはっきりと分かれてしまったという課題や、この制度の実行を支える間接スタッフの評価をどうするかといった課題などは依然残ってはいるものの、成果としては一定のものが得られたと考えている。

また、船井総研グループでは、このマトリックス組織の発展形として、こうした営業サポート機能のシェアードサービス部門の分社化に踏み切った。グループ全体をホールディングス化に移行した2014年のことである。

ご存知の通り、船井総研グループの主力はコンサルティング事業であるが、この営業サポート機能（コンサルティングビジネスのオペレーション機能）を一カ所に集約し、内部取引を前提とした独立会社として切り出したのである。現在、筆者が代表を務める会社が実はこれにあたる。

これにもメリットとデメリットの両面があり、参考までに実体験として整理させていただく。

〔メリット〕
・間接業務が可視化され、追求すべき価値や活動目的が明確になった
・縦割りでつながりの薄かった間接業務を、バリューチェーンとして再設計できた
・あらゆる間接業務を「単価 × 数量」で金額換算したことによって、適正単価の議論が行われるようになり、業務改善と生産性向上に前向きに取り組む風土が根づいた
・グループ内部にて培ったサービスや商品を外部顧客に直接提供して収益を上げられるようになった

〔デメリット〕
・グループ会社間における利益分配やコスト転嫁という「連結ベースでは価値を生まない調整や交渉」のストレスと労力が増えた
・グループ企業間取引における受発注フロー整備や契約管理、伝票処理や個別決算などの間接コストが逆に増加した

・コストセンターとして切り出されたことによって「グループ内部からのコスト削減圧力」と「シェアードサービス社内の待遇改善機運」が同時に高まり、この相反するベクトルの狭間で管理職が苦しむことになった（最終的には、内部取引で磨いたスキルとサービス価値をグループ外の一般顧客に提供することを通じて待遇向上を図るというベクトルを選択することで解決した）

実際に分社化によるシェアードサービス設立と運営を通じてわかったことがある。それは、こうした分社のメリットを生かしてデメリットを減らす唯一のカギは「**全体最適を見据えたグループ企業間の連携と協力に他ならない**」ということである。形式論的な内部取引の枠組みを細かく運用することなどは、決してその本質ではない。各社が全体最適を見据えて、真の効率化と新たな価値創造に取り組んでこそ、こうした組織戦略が功を奏するということである。逆に、同じグループの兄弟会社でありながら各社が自社の利益追求ばかりに走ってしまうと、全体としては逆に二重コスト発生や生産性低下を招いてしまう。

こういうことを身をもって体験したが、結局は各社のトップや役員間の意識の問題であることを同時に痛感した。

POINT

セクショナリズムは企業の敵！
取締役が目を光らせよう！

7

周囲から「裸の王様」に仕立てあげられていないか？

❖権力の心地よさに潜む大きな落とし穴

人は権力に群がり、追従する。悲しい性《さが》ではあるが、組織にヒエラルキーが存在する限り、少なからず生じてしまう歪みと言えよう。

会社の最高意思決定機関は、言うまでもなく株主総会ではあるが、より実質的な意味ではその委任を受けた取締役会だ。取締役になると、その取締役会に出席し発言する権限を与えられる。そのため、一般の管理職とはまったく次元の異なる権力が備わっている（ように周囲からは見える）。

権力を持つ（持っているように見える）人間には、その人の人望やリーダーシップの有無に関係なく、人が群がってくる。議員バッジをつけているだけで、その権力にあやかろうとする輩《やから》が周囲に群がるのと似ている。

彼らは権力の恩恵にあずかろうと、さまざまなヨイショとゴマスリを繰り返す。そんな見え透いたヨイショやゴマスリも、受ける立場になってみれば決して気持ちの悪いものではないし、はじめのうち抱いていた違和感にも徐々に慣れていく。

そうした周囲のハイエナたちが、取締役を裸の王様に仕立て上げてしまう。最初はそんなつもりはなくても、徐々にそんな環境に慣れてしまい、いつの間にか裸の王様の椅子に座らされてしまうのである。

❖むしろ苦言を呈してくれる部下を近くに置こう

権力に群がる輩は、それを顧客や仲間のために生かそうなどと決して考えておらず、自分の利益や保身のために利用しようとする。こうした輩の耳ざわりの良い進言に従って誤った権力の使い方をしてしまうと、たちまち組織からの信頼を失う。職権濫用とは、全体最適を無視して利己のために権力を振りかざすことだ。これを繰り返せば、いつか組織から排斥されることになる。

「権力」という武力は、大義と節度をもって行使されるべきだ。そうたやすく振りかざすものではない。

権力者に褒め言葉を浴びせる腰巾着《こしぎんちゃく》たちは、その取締役が権力を保持している間は周囲を取り巻いて離れようとしない。しかし、いざ窮地に追い込まれたときに彼らに助けを求めても、蜘蛛《くも》の子を散らすようにいなくなってしまう。

むしろ、**苦言を呈してくれる人間を必ず傍に置くことだ。**そういう忠臣は必要以上のお世辞をあまり口にしない代わりに具申《ぐしん》や諫言をしてくれる。それを煙たがって遠ざけてはいけない。

権力を持つ立場になった人こそ、逆に自分に厳しいことを言ってくれる女房役を、意識的に傍に置くべきではないか。

POINT

取締役には一定の「権力」が生まれる。使い方を誤ると自分と会社を滅ぼす！

8

自分が全部やっていると思い込む「勘違い」をしていないか？

❖知らないうちに〝俺様役員〟になっていませんか？

実務を任され、そこそこ成果をあげている。そんな優秀な取締役が陥りやすいのが、「自分が全部やっている」という勘違いである。そんな思い込みが、トップや他の取締役に対する不遜《ふそん》な態度となってあらわれてしまう。そして、その空気が組織に伝播《でんぱ》する。

自らを「会社唯一のハブ機能」と過信している自信家で、かつ仕事を一生懸命やっている取締役がこれに陥りやすい。私はこういう人を〝**俺様役員**〟と呼んでいる。

「社長は実務をわかってないから、俺が全部やっているんだ」とか、「他の役員は何もできないから、結局俺がやらないといけない」という空気を組織内に充満させてしまう。

そんな取締役を脇に抱えたのでは、社長にとっても組織全体にとっても危険極まりない。組織全体の危機は、その取締役本人にとっても危機として巡ってくる。

組織において、一人で成し遂げられる仕事など何ひとつ存在しない。この定理をよく理解してほしい。これは「俺は一人でなんでもできる」と思い込んで独立したほとんどの人が、最初に目の当たりにする現実である。

たとえば、営業ができるからといって独立する。最初の仕事を受注してきても、相手方と交わす契約書の雛形《ひながた》がない。しかも、契約書に捺印する印鑑もない。組織に所属していたときは、法務担当者が用意した契約書を回収し、それを管理部門に「あとはよろしく」と回付するだけで自動的に請求書が発行されていた。人というのは、慢心によってこんな単純な構図を見落としてしまうのだ。

仕事には必ず役割分担がある。取締役という立場においても同様に、経営者や他の取締役との間に役割分担が存在する。しかしながら、自分より下の縦の役割はよく見えるが、**往々にして上や横の役割を担ってくれている人のことが見えにくくなる**。

ともすると、社長や他の取締役が「ただのうるさいお偉方」に見えてしまう。そして、自分より下の組織を統率するために、「社長は間違っている。正しいのは俺だから、俺について来い。俺がみんなを守ってやる」という間違ったリーダーシップを〝つい〟発揮してしまう。

〝つい〟となるのは、短期的にはこのほうが部下の心を掌握しやすいからだ。あるいは、日頃から社長に無理難題を強いられているストレスが、こんな発言になってあらわれてしまうこともあろう。

組織というのは、トップが威厳とリーダーシップを失うと、すぐにバラバラになってしまう。大抵のことでは、**トップの威厳を崩してはならない。その威厳を黄門様の印籠のように光らせて、組織をうまくまとめていくのが取締役の役割である。**

❖取締役はトップを立てなくてはならない

トップをはじめとする経営陣のリーダーシップは、幹部がトップを高い位置で光らせることで機能する。それによって多くの社員は、トップのビジョンや方針についていこうと思うものだ。ビジョンや方針の中身そのものが「ついていくに値すること」は確かに重要であるが、それを「誰が言っているか」によっても浸透レベルに大きな違いが生じる。

したがって取締役は、トップに威光を与えて**「社長の言うことは聞かないとだめだ」**という空気を作ったほうが組織が安定し、自分自身もやりやすくなる。トップの悪口を部下の前で絶対に言ってはいけない。

ところが、社長とコミュニケーションがうまくいっていない取締役は、不満、ストレスが溜まっていき、自分の部下の前で社長の悪口、不平不満を吐いてしまう。それを聞かされた社員たちには、トップの意向が伝わりにくくなる一方、その取締役本人には社長の意向を実現することが求められるので、結局はその狭間《はざま》で自分自身が苦しむことになる。

取締役は、仮にリーダーとして自分にカリスマ性がなくても、トップの威光を使うことができるのだ。その威光を自ら使えなくしてしまったら、自分の力だけですべてをコントロールしなければならない。しかし、**取締役が自分で自分の威光を光らせることなど、現実的にはかなり難しいのだ。**

❖トップを立てるのは、組織統制のため

少しくどいようだが、**取締役は何があってもトップを立てておかなければならない**。そのほうが自分にとってもメリットが大きい。もちろん相互牽制は必要だが、それは別の話だ。部下の前では組織統制のために、トップの威厳を光らせることだ。

１８１ページの図15のように、トップを立てていかなければ、組織は脆《もろ》くなる。

筆者はかつてコンサルタントとして、数多くの企業の研修やアドバイスに携わらせていただいたが、いきなり表玄関から入って、「私は先生なので話を聞くように」と自分でいくら主張しても従業員はほとんど話を聞いてくれない。ところが、社長や取締役が間に立って、「実績のあるコンサルタントの先生が、お忙しい中、わが社に関わってくれるのだから、しっかり話を聞くように」と一言持ち上げてくれると、こちらの話を受け入れるムードが一気に高まる。

コンサルタントを使うのがうまい社長や取締役は、大抵この手法を心得ている。若いコ

■図15　トップと役員の関係

トップの「T-UP」は組織統制の大原則

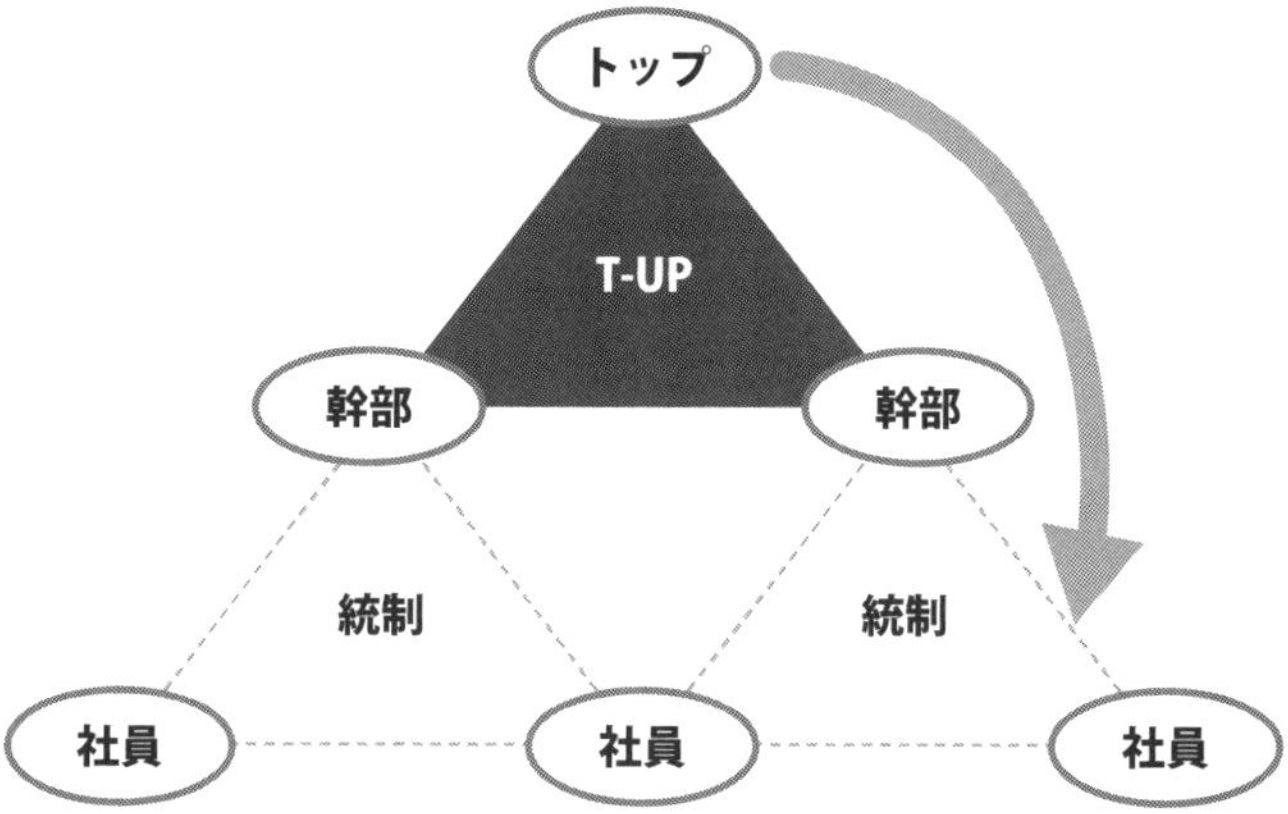

トップを立てないと組織統制が取りづらくなる

トップを下げた分、幹部は自分以下の組織
をすべて自力で統率しなければならない。
⇒組織が乱れ、小粒分散する

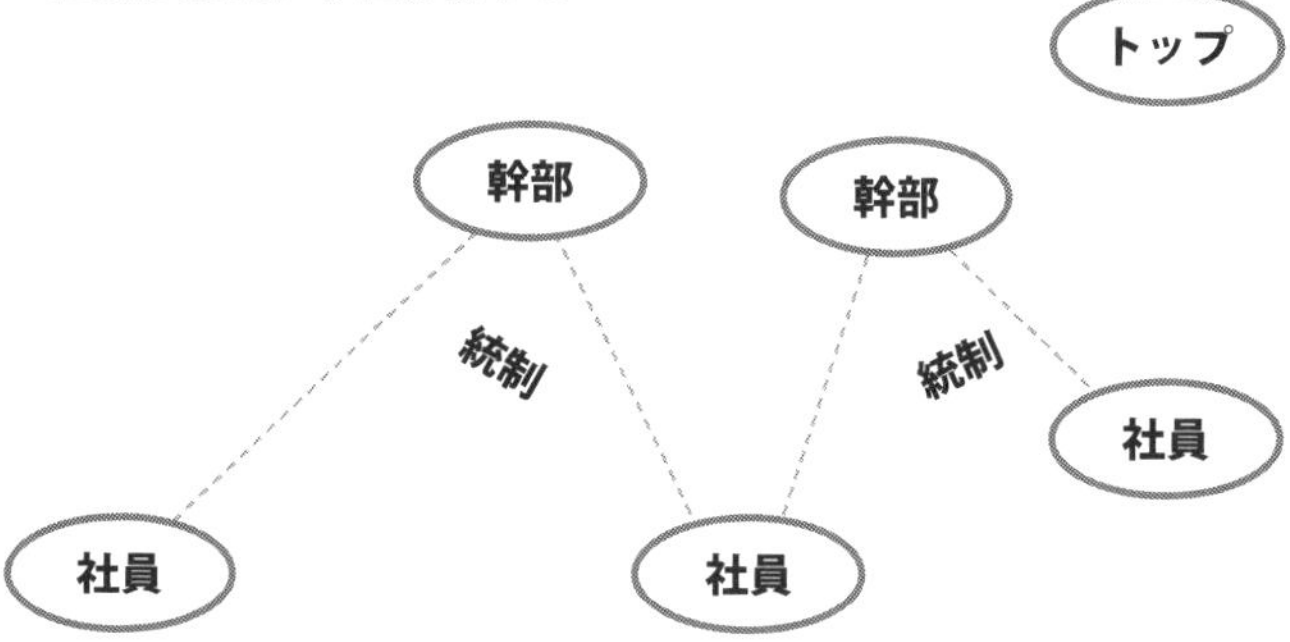

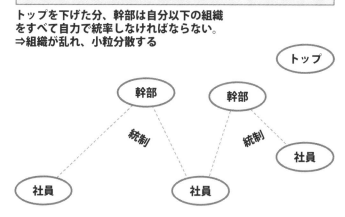

ンサルタントと2人きりで話しているときは「君はまだまだ若いなぁ」などと言いながら、いざその研修を受ける社員の前では「今日は○○先生にわざわざお越しいただきました。ありがたいことです」と一言ティーアップ（持ち上げる）を行うことを忘れない。そのほうが研修の効果が上がって、支払ったフィーのもとが取れるからだ。

こうした人間心理の構図を理解し、活用することだ。社長や他の取締役をティーアップして、その人の口から情報を伝えるという術を心得ている取締役には、一段高レベルの組織統制力が備わっている。

POINT

取締役は組織の統制を図るために、常にトップを立てなくてはならない。

9 「不相応に高額」な取締役報酬を受け取っていないか？

❖取締役になると報酬は下がるのが当たり前？

取締役と社長が報酬をめぐってもめるケースが稀にある。

取締役ともなると、委任契約の対価として従業員より高額な報酬が与えられることが一般的である。ただし、必ずしも破格の金額がもらえるとは限らない。

反対に、取締役になって収入が減るケースも普通にある。たとえば、現場でトップセールスを誇っていた営業出身者が取締役になった場合、初期の役員報酬が多額の営業インセンティブを下回る現象は生じ得る。

「取締役になったら収入が減った、おかしいじゃないか！」と言う新任取締役もいるが、これはさほどおかしなことではない。一般的には、取締役の報酬体系に月額固定報酬を採用している会社が多い。

営業マンのように個人成績に応じたインセンティブがない分、個人成績がトップクラスだった営業マンが新任取締役になった途端、一時的に収入が減ってしまうこともあり得る。営業マンとしてはトップクラスの強者《つわもの》でも、取締役としては実績もない新任なのだから、当然と言えば当然なのである。

最近の法改正によって、取締役のインセンティブ的報酬の損金算入が一部認められるようになったが、これは同族会社には適用されない。また、税務署などへの事前の申請手続きが非常に煩雑なため、中小・ベンチャー企業で採用している会社はまだ少ないようである。

従業員のインセンティブは、短期的なモチベーションを上げる効果を狙ったものだ。しかし、**取締役には長期的な視点で会社を発展させ、そのための組織基盤を構築し、さらに株主に適正な配当をもたらすことが求められる。**これを成し遂げて、初めて取締役としての相応な報酬を受け取る。高い報酬を望むのならば、まずはこれらをやり遂げるのが先決である。

「営業マン時代のほうが楽しかったし、実入りも多かった。あの頃に戻りたい」などと回顧する役員もいたりするが、そういう人はそもそも取締役になどはじめからなるべきではない。

❖取締役には労働債権の優先権がない

雇用契約労働者（一般社員）の賃金には、他の債権に優先して支払われる優先権がある（**使用人の先取特権**）。仮に会社が多額の債務を抱えて、何人もの債権者が取り立てに来たとする。それでも従業員の給料は優先的に保証され、支払われる。その反対に、取締役報酬は最後になる。経営が窮した際には、取締役の報酬は保証されないのだ。なぜなら、経営が逼迫《ひっぱく》しているのは、それを担っていた取締役の責任でもあるからだ。役員報酬が支払えないほど会社の財政状態が窮しているのは、経営陣の能力と手腕が不足していたとみなされるのだ。

取締役の報酬は、会社や株主から期待された成果があがって、初めて支払われる。「取締役になったから一般社員よりも高い報酬が保証される」と考えるのは認識が誤っている。ヒト・モノ・カネといった経営資源がまだ不十分であれば、自分が高額報酬をとることよりも、それらを整えることを優先すべきであろう。

報酬は、自分の実力や働きよりも少なめに受け取ったほうが良い。その差額は、会社や周りに対する貸しであり、自分の将来への「貯金」なのだ。

❖自分が報酬分の仕事をしているか自問しよう

筆者はコンサルティング先の会社で、採用面接を任されることがある。あるとき、取締役候補者の採用面接でこんなケースがあった。40歳前後で、前の会社でも取締役として破格の報酬を得ていた。条件交渉に入ると「年俸1500万円はもらえないと困る」と主張する。

話を聞く限り、確かに実力はありそうだ。しかし、こちらとしては１５００万円は高すぎると感じる。実力はそこそこあっても、それ以上の待遇を求められたのでは採用はできない。これは自らの市場価値に関して意識バブルを起こしているケースだ。

こういった人は、おそらく前の会社を報酬に不満を抱いて飛び出したのだろう。一度、実力以上の報酬を受け取ってしまったら、後に本来の実力に応じた報酬にまで下げられると不満が生じる。そして「自分の実力を認めてくれる会社が他にあるはずだ」とその会社を飛び出す。

しかし、そのような意識で他の会社を探しても、おそらく希望条件通りに採用されることは少ない。仮に、希望通りの好条件で迎え入れられたとしても、厚遇の裏にはそれなりの期待が込められており、それに応えられなければ、契約解除か減俸が待ち受けている。

実際、プロ野球選手の中には、実力以上の高額な年俸を手にした直後に、前年までの活躍が嘘のように失速してしまう選手が多い。会社の取締役も同じで、市場価値以上の報酬を望んだ途端にダメになる。

取締役になってからは、「**報酬分以上の成果を出しているだろうか？**」と常に自問自答すべきだ。意識バブルを起こしていないかどうか、常に自らに問い質すのだ。取締役ともなると、周囲に諫言してくれる人が少なくなる。もし、そういう話が遠巻きに自分の耳に入ってきたとしたら、それは「もう辞めてくれ」というときかもしれない。

❖取締役報酬はどのように決まるのか？

しかし一方で、取締役は従業員より業務範囲が極めて広く、重責を担っていることを考えると、それ相応の報酬をもらって然るべきという考えも当然ある。失敗しても、「ごめんなさい」と言って始末書ですむ従業員とは違うからだ。

取締役の報酬は株主総会によって総枠が定められる。各取締役への配分に関しては、合理的な方法とプロセスを経て決められなければならない。従業員の賃金は社内で決めてもよいが、取締役の報酬は原則的には株主が定める。

ただし、株主総会で個々の取締役の報酬について議論するのは非現実的なので、あくまで株主総会では総額だけを決める。**配分については、株主からの委託を受けた報酬委員会などで、合理的な根拠をもとに算出する。**

取締役の報酬は、インセンティブ的な要素を含めずに固定額で支払う固定報酬が一般的だ。しかし、変動的要素を取り入れた不確定金額型も認められている。ただし、後者であっても、全取締役の報酬の合計が、株主総会で決めた総額を超えてはならない。

個別の取締役への報酬を決めるにあたり、社長と取締役との間に生じやすいのは、「**環境が価値をもたらしたのか、それともその人が価値をもたらしたのか**」という意見対立である。

取締役は「私が全部お膳立てして成果を上げたんだ。それ相応の報酬をもらって当たり前だ」と考える。反対に、経営者は「会社の看板とインフラがあったからだ」となる。いずれにしても、ここでもめるのは、あらかじめコミットメント（約束）を明文化して共有していないからだ。**社長と取締役との間において、評価基準と報酬決定プロセスをあらかじめ文書化しておく必要がある。**こうしたことは上場企業では当たり前に行われているが、中小オーナー企業ではオーナー社長の一存や鶴のひと声で役員報酬が決められているケースが多い。

社長を含めた**報酬検討委員会**を設置し、すべての取締役との間で、報酬に関するコミットメント（約束）を交わしておく。ＫＰＩ設定シートなどの書面を使って定期的に進捗確認し、その達成レベルに応じて次年度の取締役報酬を定める。また、そのコミットメントに盛り込む内容は、どうしても数字や利益が中心の定量要素に偏りがちなので、会社のビジョンなどの定性的要因も盛り込んでおくことが重要だ。

①定量的要因

営業部門なら会社全体の業績・部門業績（売上・粗利益・利業利益）など、管理部門ならコスト圧縮目標、月次決算の短縮、あるいは全社の内部留保額など。

②定性的要因

顧客の評価、社内の評価、業績以外の貢献などをバランスよく含める。それは会社や株主が当該取締役に対して期待するミッションを反映したものにする。

先に述べたバランスド・スコアカードの考え方なども取り入れて、こうしたコミットメントをきちんと交わして運用する。そうすれば、長期的目標の達成に向かって自主的、能動的に仕事に取り組む社風が全体にも生まれやすい。反対に、報酬を曖昧《あいまい》なままにして、

「取締役なんだから自己犠牲は当たり前だ」と根性論を強いる会社では、末端の社員にまでそうした風土が広がり、「どうせ頑張っても同じだ」というムードが蔓延し、業績も停滞しがちだ。

自分自身が満たされていない取締役が、社員や顧客、株主を幸せにする気持ちにはなれない。自分が満たされていないのに、顧客や社員を満足させることはできない。

重要なのは、取締役が自らの役割を認識し、その役割において最大限の目標設定を行い、自らのコミットメントに対して決死の覚悟で挑み、**その成果に対して会社組織・従業員・株主への還元を加味しつつ、ふさわしい報酬を受け取ることである**。

トップである代表取締役が、他のすべての取締役の報酬を決める会社もある。その弊害は、トップの権限が強くなりすぎて、意見したり牽制することができなくなることだ。取締役会も社長の独演会になり、その暴走を止めることができなくなる。社長の意に沿わない下手な発言をすると、報酬を下げられるのだから当然である。

そうした過度の権力集中は避けるべきであり、これが先に説明したコーポレートガバナンス・コードが制定された背景でもある。

POINT

取締役の報酬はあくまでも会社と株主からの期待に応えているかどうかで決まる！

10 取締役会を「形骸化・硬直化」させていないか？

❖取締役会の役割を知っていますか？

取締役になったら、**取締役会**に参加することになる。株主総会に次ぐ会社の最高意思決定機関だ。取締役の仕事は、この取締役会を中心に回っていく。この場で意思決定がなされ、その決定事項を実行していくのが取締役の仕事だ。仮に、第3章で説明した善管注意義務などに反する可能性があれば、この取締役会で話し合って解決しておく。

「重要な財産の処分および譲り受け」「多額の借り入れ」「支配人その他重要な使用人の選

任および解任」「**支店その他重要な組織の設置、変更、廃止**」などは取締役会の専任決議事項となっている。

取締役会の開催頻度は、月に1回が標準的だが、意思決定や承認・決裁の迅速化を図るため、月に2回開催している会社も珍しくない。定例の取締役会以外でも、開催目的を示すことで、取締役ならば誰でも招集できる。その場合は、開催日の1週間前までに招集通知を出さなければならない。**出席可能な取締役の過半数が出席することで定足数を満たし、その過半数の賛成が可決要件となる。**

❖取締役会の活性化次第で会社の業績も変わる

さて、ここまでが会社法に定められた取締役会に関する内容である。しかし、会社法で定められた範囲だけで取締役会決議事項を淡々と審議しているだけでは、その内容は形骸化してしまう。**取締役会が形骸化すると、実質的な意思決定会議が別の場所で運営されるか、あるいはトップが一人でなんでも決めてしまうワンマン会社化が進んでしまう。**

このように、取締役会は、ともすると権力を持ちすぎた一部の取締役の独壇場になってしまったり、形式的な儀式の場になりがちである。本来の機能を果たす活発な取締役会にするために、次のような多少の工夫と仕掛けを提案したい。

①参加する取締役の役割と責任を明確にする

縦組織の役割だけでなく、組織横断的な重要な経営課題に関する役割分担を明確に割り当て、その方策や進捗について主体的に関与させる。

②取締役会での発言回数や内容を取締役の評価基準に加える

たとえば、議案や報告事項の提出回数と内容や担当分野の方向性や改善仮説を議案にして取締役会に諮っているか？　などを取締役の評価尺度とする。これをしないと取締役会で何も発言しない〝お地蔵さま役員〟が増える。

③取締役の議案と報告事項を事前に回収（社長室や経営企画室にて）

これは準備として当然のことであるが、事前回収の本来の目的は当該議案に関する部門間の事前調整を図ることにもある。仮に営業部門の新規事業展開の議案であっても、財務部門やシステム部門との事前調整が必要なことが多い。

また、本当に取締役会で議論すべき議案か否かを事前に検証する意味もある。現場レベルの会議で議論・解決すべき案件をいちいち取締役会に上げて議論していては、決裁機関として機能しないし、現場のスピード感を奪ってしまうことにもなりかねない。

④回収した議案に関連する資料や情報の収集

議案のベースとなっている仮説の裏づけとなる客観的事実や情報が十分にないまま判断することは、会社を危機に晒し、後にその責任を問われることになる。

「当該議案の議論に必要な情報は十分か？」「議案の根拠となっている事実情報は誤っていないか？」などについて、社長室や経営企画室などで事前のリサーチを行う時間が必要である。

⑤議案の事前配布、事前調整

取締役会までに熟慮の時間が必要な議案は、事前に関係取締役に投げかける。また、取締役会で決議する前に検討・調整が必要な議案は、その前に常務会や部長会などの経営執行会議に投げかける。

このような効率的かつ有意義な取締役会の運営には、その運営を取り仕切る担当者を置くことが望ましい。いわゆる**社長室**や**経営企画室**である。トップや他のすべての取締役とコミュニケーションを取れる優秀かつ信頼できる人材をここに置くか置かないかで、取締役会のあり方も随分と変わってくる。

POINT

取締役会は会社の最高意思決定機関。
形骸化・硬直化させてはならない！

本章のまとめ

・取締役病①「もうこのへんでいい」という成長停止思考
・取締役病②「今は調子がいいから大丈夫」という過信
・取締役病③「オートパイロット機能」への過度の依存
・取締役病④社内調整に明け暮れる「政治家病」
・取締役病⑤自部門の権益に執着する「部分最適病」
・取締役病⑥周囲から「裸の王様」に仕立て上げられる
・取締役病⑦「自分が全部やっている」と思い込んでいる
・取締役病⑧「不相応に高額な」取締役報酬を望む
・取締役病⑨取締役会を「形骸化・硬直化」させている

第5章

こんなとき、取締役はどうするか？

苦しいこともあるだろう。
言いたいこともあるだろう。
不満なこともあるだろう。
腹の立つこともあるだろう。
泣きたいこともあるだろう。
……これをじっと我慢していくのが男の修業だ。

山本五十六（軍人）

1

いざというときに社長にはしごを外された

❖取締役は、時には悪役を演じることも必要？

取締役のみなさんがよく口にする愚痴《ぐち》に、「いざというときに社長にはしごを外された」というものがある。実際、そういう経験のある方も少なくないだろう。

たとえば、とある会社で人事制度の変更が計画された。それには現場からの大きな抵抗が予想されたが、それでも断行しようと決定した。取締役会の席で、社長は「どんなに困難が多くても断行すべきだ。すぐに実行に移すように」と担当取締役に指示を出した。

ところが、いざ実行する段階になって、社員から予想をはるかに超える抵抗反応が出てきてしまった。すると社長は掌《てのひら》を返したように、「こんなに混乱してしまったのは、担当取締役が社員の気持ちをきちんと考えていなかったからだ。私がイメージしていたものとはまったく違う」などと全社員を前にして言い出したのである。

担当取締役にしてみれば、「はしごを外された」と感じても致し方ない。まさに理不尽である。

しかし、そんな状況でも、「やってられるか」などとヤケを起こしてはいけない。怒りを鎮めて、冷静に目の前で起こっている事態を分析すべきだ。**なぜ社長がそういう理不尽な行動に出たのかを考えてみると、徐々に見え始めることもある。**

目的はあくまで「人事制度変更」である。何としても、社員を納得させなくてはならない。「これならいける」と思って展開したプランが予想以上の抵抗に遭ったのなら、柔軟に計画を立て直さなくてはならない。社長からすれば、担当取締役を「悪者」に仕立て上げて混乱を鎮めるのも一つの方法だ。取締役はそれを理解して、**悪役をうまく演じる**ことも時には必要なのだ。

❖取締役は自分の面子《めんつ》にこだわってはいけない

「悪いのは私じゃない、社長だって賛成したじゃないか」と騒げば、自分の面子は保たれるかもしれない。しかし、それでは社長まで悪者になってしまい、本来の目的である制度変更は遠のいてしまう。

社内の反発や混乱を鎮めることを最優先に考えるなら、取締役としてとるべきベターな対応は、たとえ不本意でも「**頭を下げる**」ことではないか。「**私が社長の真意をきちんと理解していなかったからです**」と謝罪することで、仮に自分の面子を犠牲にしたとしても社内の混乱を鎮めることはできる。

社長の脇を固める取締役には、こうした構図を見抜ける能力も必要だ。会社にとって重要な目的を達成するには、取締役が自分の面子にこだわっている場合ではない。

こうした対応が、「あ・うんの呼吸」でできるようになったら、社長との信頼関係は強固になる。この役割分担と信頼関係によって経営陣が一枚岩になり、それが社員の安心感にもつながっていくのだ。

POINT

社長は時に理不尽なふるまいをする。
しかし、取締役はその理由を理解しよう。

2 社長と意見や方針が真っ向から対立した

❖公の場で社長を論破してはいけない

取締役が経営陣の一人として、真剣に会社や事業のことを考えていれば、時には社長と意見対立が生じることもある。しかも、どう考えてみても自分の意見の正当性が高いように思える。そんな場合は、どうすればよいのか？

「取締役会などの場で徹底論戦を交える」「あっさり引き下がる」

実は、いずれも間違いである。

ビジネス書には、「たとえ相手が権力者である社長であっても、取締役は自らが正しいと思う意見や諫言をきちんと述べるべきだ」と書かれていたりする。改訂版コーポレートガバナンス・コードも、そのようなニュアンスをより色濃くしている。ドラマや小説でも、そんなシーンがよくあるが、フィクションの世界では最後は正義感に溢れる主人公の正しさが最後に証明されて、メデタシメデタシとなる。

しかし、これをそのまま現実の経営で実践してしまうのはいささか危険である。**公の場で、取締役が社長を打ち負かすようなことはやってはいけない**。仮に取締役側が正しいとしても、社長の権威が失われてしまえば、組織の秩序崩壊にもつながりかねない。

では、あっさりと引き下がればいいのか。「おかしい」と思っているのに黙って了解すればよいのか。それも間違っている。それでは会社が間違った方向に進んでしまう。

❖事前に社長のニュアンスを探っておこう

では、どうすればいいのか。**社長と意見が真っ向から対立しそうだと感じたときは、取**

締役は事前に社長の意見やニュアンスを探っておくことだ。社長本人に聞くのが難しければ、周囲の他の取締役たちに「社長はどう考えるだろうか？」と意見を求める方法もある。

その結果、対立が必至と予測されたなら、事前に調整しておくのが望ましい。

それでも、取締役会で社長との意見対立が避けられない場合には、一旦は「社長のご意見に従って再検討します。修正案を来月に提出します」と言って継続審議に持ち込み、人前での対決を避け、別の場で調整を試みるのが好ましい。

先に述べたコーポレートガバナンスの形式論とは少し異なるが、平常時の業務執行取締役の立ち回りはこうあるべきである。

POINT

社長と意見が対立しても、取締役は公の場で論破してはいけない。

3 頼りにしていた部下が辞めたいと言ってきた

❖部下は本当に辞めたがっている？

真剣に仕事をしている管理職や、上役の関心を引こうとする管理職ほど、いろんな手法で上役の取締役に絡んでくる。管理職も人間であり、やはり上役には構ってもらいたい。

しかし管理職になると、とかく「大人扱い」をされて放置されがちになる。

そこで、彼らは稀《まれ》に「辞めたい」という必殺カードを切って絡んでくることがある。頼りにしている部下の「辞めたい」という言葉には、忙しい上役も敏感に反応せざるを得ないことを知っているからだ。

しかし、わざわざ上役に「辞めたい」と事前に相談する管理職が、本当に辞めたいと考えているとは限らない。むしろ、仕事で落ち込んだときや八方ふさがりになったときに、単に助けを求めているケースのほうが多いのではないだろうか。

❖部下には自信を与える

突然「辞めたい」と言われたら、まずはきちんと時間をとって傾聴することだ。話を聞いてもらうだけでスッキリして、「明日から頑張ります」となる場合も少なくない。

それでも辞意を撤回しない場合は、次のいずれかに当てはまるのではないだろうか。

①任せられた仕事や組織において成果が出せそうにない
②自分のやっている仕事に何の意味があるのかわからなくなった

③ **会社(仕事)と自分のビジョンが一致しない**
④ **自分の仕事が評価されていないように感じる**
⑤ **自分だけがしんどい目や辛い目に遭っている**
⑥ **他に真剣に打ち込みたい仕事が見つかった**

いずれのパターンにも共通しているのは、本当は「自分の甘さ」や「自信のなさ」から生じたネガティブ感情を処理できなかったことが根本原因であるにもかかわらず、それを「会社や組織や上役がきちんとフォローしてくれない」とすり替えている点だ。要するに、管理職としての覚悟やプロ意識が欠如している。⑥にしても、実は現実逃避である場合が少なくない。

だからといって、そのことをズバリ指摘したり責めたところで、本人はそれを拒絶してさらに殻に閉じこもってしまう。「辞めたい」という甘えを上役にぶつける部下が望んでいるのは、「**私は君を頼りにしている**」という上役の一言であり、傾聴の後にまず最初にこれを伝えるようにする。そして、徐々に甘えを取り除き、自信を持たせるように導いていく。

それでも辞めたいと固辞するのなら、深追いする必要はない。その場しのぎの「甘やかし慰留」は避けたほうがいい。それは長い目で見れば、問題の先送りにすぎないからだ。その半熟マネジャーは、いつまでも煮え切らないまま同じ悩みを引きずり続け、いずれは腐って組織に悪影響を及ぼす存在となってしまう。

すでにそうした末期段階の入り口に至っていると判断したら、逆に「では、君が辞めるための必要な段取りを考えて示してくれ」と突き放してみるのも、相手の性格にもよるが、ひとつのカードの切り方であろう。

すると本人は「自分が本当に辞めたらどうなるのだろうか？」と真剣に考え始め、自分がいなくなった後の会社の様子や、職と立場を失った状態の自分のことをリアルに想像しはじめる。

すると、世話になった顧客のことや、積み残し案件のこと、後継者が育っていないことなどが次々と頭をよぎる。それで、自分がまだ必要だということを再認識することもある。逆に、自分などいなくても会社が回ることを痛感して自分の甘えに気づくかもしれない。

いずれにせよ、悶々《もんもん》と「辞めようか、辞めまいか」とブレている状態に決着をつけさせるのだ。どんな優秀な管理職でも、一度くらいは行き詰まって「辞めたい」と思うことはあるものだ。そのタイミングこそ、覚悟を改めさせ、信頼関係を深める絶好の機会であり、幹部育成のチャンスとして生かすべきである。

POINT

取締役は「辞めたい」と言う部下に対して、時には優しく、時には厳しく接しよう。

4 部下が大クレームを引き起こした

❖クレーム対応に取締役がいきなり出てはいけない

不注意によるクレームや不可抗力による事故の処理が現場レベルで収まらず、炎上した状態で取締役まで回ってくることは珍しくない。

取締役はクレーム処理の最後の砦であり、その対応に逃げ腰では通用しない。

クレーム客の多くは、**「自分がどれだけ大切にされるのか」**を試すことで自己重要感とプライドを取り戻すことを望んでいる。また、**「自分に不快な思いをさせた担当者を懲《こ》ら**

しめたい」という意図もあって、それが「責任者を出せ」「上司を出せ」という、決まり文句となって吐き出されるのだ。

とはいえ、取締役が丸腰ですぐに出て行くのは得策ではない。クレーム対応の手順をあらかじめ定めておき、それに従って組織として冷静に対応すべきである。

クレームの内容と重要度にふさわしい責任者が対応するのが、相手にとっても好ましい。クレーム客にしてみれば「相応レベルの上役」を引っ張り出して気持ちをぶつけたいところに、不相応に高い職位の上役が出てくると逆にストレスを溜めてしまうこともある。

互いの社格や相手の立場にもよるが、このあたりのバランスは最終責任者である取締役が見極めたほうが良い。

また、取締役は抑えの切り札でもあり、まだイニングが残っているのに早々と切り札を出してしまうのは好ましくない。取締役が切り崩され、社長を出すようなことは避けなくてはならない。**取締役が出ていくのは、それで手打ちにできることが見えた段階である。**

❖取締役が出ていくべき局面とは

クレームには理不尽なものも少なくないが、参考にすべき反省点も少なからず含まれている。これを顧客の口から直接部下に聞かせることは、実は業務改善の特効薬となる。クレームに対して真摯に向き合う姿勢を組織に根づかせることも必要であり、部下が安易にクレームから逃げてしまう体質を作ってはならない。業務改善に積極的な組織では、「先日こんなクレームがあったので、業務フローをこのように改善したい」というように、クレームを自社の価値向上に生かす風土が定着している。**クレームと向き合うことを通じて、価値が磨かれていくのだ。**

ただし、部下では処理しきれない重大クレームは、やはり取締役が直接対処に当たらなければならない。部下から適宜報告を受けながら、「このあたりが限界」という見極めは取締役にしかできない。

したがって、取締役クラスの重役が登場するのは、先に述べたようにクレームの出口が見えたクロージング時か、逆に「**これ以上部下に対応させるのは限界だ**」と判断した決壊寸前のタイミングのいずれかということになる。

ただし、相手が「悪意のクレーマー」であることが明らかな場合は、まったく別の対応が必要になる。その判断を速やかに下し、社として全力で部下を守らなければならない。特にクレーマーが反社会的勢力やその関係者の恐れがあるときは、「クレーム対応」から「**リスク対応**」に切り替える必要もある。弁護士、警察などの専門家に相談できる環境を整えておくことも、いざというときの備えとして必要である。

❖クレーム対応のポイントとコツ

クレーム対応に長けた先輩役員が、クレーム対応のポイントを教えてくれた。ご参考までに、以下にご紹介しておきたい。

①何よりもスピードが大切。すぐさま直接連絡をとる
②事の経緯やお客様との取引履歴など、調べられることはすべて調べてから直接対話する
③基本は、「聞く」ことと「理解を示す」こと。そして、「相手が何を望んでいるのかを察する」こと。多くの場合、相手は自分から自分の望みを言わない
④絶対にこちらから話を打ち切らないこと。同じ話が何回も繰り返されるようなら、話を整理して理解していることを示す
⑤一通り聞いて謝意を示した後に、それとなく「具体的な謝罪対応の内容」を示唆する
⑥こちらの示唆に頷かない場合は②に戻る。同意してくれる可能性がある場合は、「その方向で調整させていただきます」と一旦は持ち帰る
⑦即日あるいは翌日に電話を入れて対応方法を明示する。同意が得られたら、後で「言った、言わない」という水掛け論にならないように、今後の対応方法を明記した書面を「取締役の署名入り」でお詫び状として送付する
⑧お詫び状が届く頃に電話を入れる。これを怠ると、「手紙だけですませるつもりな

のか」という二次クレームを引き起こす

⑨ 最後に再び担当者を連れて挨拶にうかがい、次の来社時には自らお出迎えする

POINT

クレームは部下育成のチャンス。
しかし、重大局面では取締役が自ら出るべき。

本章のまとめ

- 取締役は、社長の理不尽なふるまいの理由を理解する
- 取締役は、社長と意見対立しても論破してはいけない
- 取締役は、部下に対し、時に優しく、時に厳しく接する
- 取締役は、クレーム対応ですぐに出てきてはならない

第6章

トップと取締役の人間関係学

社長にはむしろ欠点が必要なのです。
欠点があるから魅力がある。
付き合っていて、自分のほうが勝ちだと思ったとき、相手に親近感を持つ。
理詰めの者では駄目なんです。

藤沢武夫（本田技研工業副社長）

1

己の〝分〟を知る取締役が大切にされる

❖取締役の評価は自分ではできない

「自分は正当に評価されていない」と不満を持つ取締役は意外に多い。中には、「独立すればもっと稼げる」と信じて疑わない人もいる。

重責を担って活躍している取締役ほど、こうした感覚に陥りやすい。

「会社の中枢で、こんなに頑張っているんだ」と思うからこそ、「もっと評価されて然るべきだ。もっと報酬をもらわないと割に合わない」と不満が募ることになる。しかし、その自己評価は、果たして妥当なのだろうか。

「**分相応**《ぶんそうおう》」という言葉があるように、人間にはそれぞれ〝分〟というものがある。この〝分〟を超えた立場や報酬にあずかろうとするのは「分不相応」となる。上の立場になればなるほど、この「分相応」を知ることが大切になる。

高額報酬は必ずしも喜ぶべきことばかりではない。分不相応な厚遇を享受し続けることは、自分のビジネスパーソンとしての生命を縮めることを意味する。大半の取締役は一般社員よりも高額な報酬を受け取っているが、それが過分であるほど後のしっぺ返しも大きくなる。ただ、この「自分の分相応」を自分で見極めるのは実際にはとても難しい。

一般の社員と異なり、取締役には部分的な成果に対するインセンティブを適用しづらい。会社経営全般に責任を負うのだから、部分的な数値指標や定性項目で評価を決めることはナンセンスである。取締役の評価は、会社価値や時価総額に影響を及ぼすような経営指標で左右されるものだ。

225ページの図16の「公平説」の公式の左側を見ていただきたい。「自分の評価や報酬」が、「自分が認知している自己努力」に見合っていれば（つまり1かそれ以上）、不平不満は生じない。注意すべきなのは、分母が「自分が認知している」という〝自分の主

■図16　公平説

$$\frac{\text{自分の報酬（処遇・評価）}}{\text{自分が認知している自己努力}} \geqq 1$$

→自分の主観であることに注意！

↓

不平不満はおこらない

$$\frac{\text{自分の報酬（処遇・評価）}}{\text{自分が認知している自己努力}} \geqq \frac{\text{他人の報酬（処遇・評価）}}{\text{自分から見えている他人の努力}}$$

↓

不平不満はおこらない

$$\frac{\text{自分の報酬（処遇・評価）}}{\text{自分が認知している自己努力}} \leqq \frac{\text{他人の報酬（処遇・評価）}}{\text{自分から見えている他人の努力}}$$

↓

「自分は正当に評価されていない」という不平不満をおこす

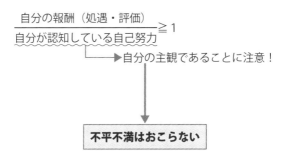

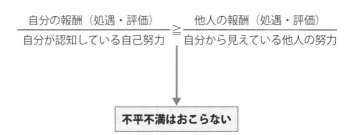

観〟である点だ。往々にして、これが甘くなりがちだ。

次に図の一番下の公式を見ていただきたい。これが示しているのは、**「自分が正当に評価されているかどうかは、他人の報酬との比較において受け止め方が左右される」**ことだ。

したがって「他の役員より自分のほうが会社に貢献しているはずなのに、自分のほうが報酬が低い。自分は正当に評価されていない」という不満が生じやすい。

しかし、これも「自分から見えている他人の努力」が分母になっているところに難しさがある。つまり、自己に対する過大評価と他人に対する過小評価が、「自分は正当に評価されていない」という感情を生み、分不相応な待遇を求めるようになってしまう。

取締役としての自分自身の評価は、社長と周囲の取締役に委ねるしかない。

それがどうしても納得いかないのなら、取締役報酬についての透明性と妥当性を保つための枠組みを整備するというのも検討の余地はある。一般的な役員報酬決定プロセスは、会社法に則って株主総会で取締役報酬総額に関する決議を受け、それを取締役会の全権委任を受けた代表取締役が決定する、という流れが一般的である。

近年では、この決定プロセスの透明性を担保するために、社外取締役や外部専門家で構成された報酬諮問委員会で全役員の報酬案を策定する会社も増えつつある。

❖「努力・働き」と「評価・報酬」は完全にイコールとはならない

さて、話をもとに戻そう。もし、自分に対する評価にどうしても納得がいかないのなら、本当に独立か転職しかない。しかし、今の組織を飛び出して、本当にそれ以上の待遇を勝ち取るだけの〝分〟があるかどうか、冷静に見極めることだ。

もちろん、待遇とは金銭だけではない。組織の力によって与えられた社会的信用力、自分を慕う部下、組織に集まる情報など全部をひっくるめて待遇と考えた場合に、果たして自分の待遇は本当にそれほど低いのか。この見極めを誤ってはならない。

仮に、「どう考えても低い」という結論が出たとしても、それは「将来に対する貯金」と考えたほうがいい。**「努力・働き」と、それに対する「評価・報酬」の関係が完全にイコールになることは、まずないと言っていい**。しかし、長期的には、限りなくイコールに近づいていくものだ。もらいすぎた分はいつかどこかで差引かれるし、もらわなかった分は将来何らかの形で受け取ることになる。

約2億円という高額の年俸を得ていたある人物が、こんな話をしていた。

「自分の実力以上の高額報酬をもらえばもらうほど、言い表せない不安感がどんどん増していった。逆に報酬以上に頑張っていたときには心の平穏があった」

何より、取締役とは個人の利益よりも会社の利益を優先しなくてはならない立場にある。個人の報酬よりも会社の収益、従業員の生活の安定のほうが関心事としては先に来るべきものである。それなのに自分の報酬のことばかりを気にしている取締役に、株主や社長は大事な会社のことを本当に信用して任せることができるだろうか？

取締役を拝命する者として、このことを自問しなければならない。

POINT

取締役は己の「分」を知り、客観的に自分の業績を評価すべきである。

2 トップの言うことを妄信してはいけない

❖さりげなく社長のフォローをするのが取締役の本領

カリスマ社長の求心力とリーダーシップで伸びてきた「トップダウン組織」は脆く崩れやすい、と先に述べた。その原因は、周囲の取締役が社長の言うことを妄信し、盲従してしまうことにある。

会社が成長し大きくなると、組織の規模も事業の範囲も大きく広くなる。そうなると、**一人の社長がすべてを把握し、正しい戦略や指示を出し続けるのは難しい。**

やっかいなのは、社長自身がそれに気づきにくいことだ。薄々は限界を感じていたとしても、それまでの自分の権威や求心力を維持しようと、トップダウンを強めたり、より強引に推進する場合もある。あるいは、社長本人の気質で「それしかできない」のかもしれない。

しかし、どんなカリスマ社長も、全知全能の神ではない。人間である以上、間違うこともあるし、欠けている部分も少なからずある。これを前提として、**その足らざる部分をさりげなく補うのが取締役の役目である**。

むしろ専門分野においては、取締役のほうが深い知見と情報を有していて然るべきである。それなのに、社長の言うことにただ盲従するという行為は、一種の任務懈怠《けたい》である。

取締役に求められるのは、常に自らの仮説を持っておくことだ。特に自分の専門分野においては、常に「**これでいいのか?**」という視点を持ちながら、現場からの情報を帰納的に考察した上で、「**こうしたほうが良いのでは?**」という仮説をいくつも持ち合わせておくべきだ。

その仮説と現場の事実に基づいて考え出された方針や戦略が、社長のそれと相反する場合も、うまく受けとめた上で調整を試みていくことだ。

カリスマ社長の威力や権限になびきすぎるのも、忖度しすぎるのも好ましくない。

POINT

取締役は現場からの情報を帰納的に考察し、常に自分なりの仮説をいくつか持つべきである。

3
与えられた権限以上のリスクと責任を取れ

❖取締役の責任は権限よりも重い

「責任と権限の委譲」について論じるとき、「責任と権限はイコール」と思い込んでいる人が少なくない。だが、現実には「**責任∨権限**」の状態がベターであり、与えられた権限以上の責任を負うべきではないだろうか。

実際に取締役クラスともなると、この「責任∨権限」という構図が自然と強まっていく。与えられた権限よりも、はるかに大きな責任を背負うことになる。

人間はともすると権限だけを手元に残して、責任は誰かに押しつけがちだ。本人は無意識かもしれないが、人間にはそうした側面があり、保持する権力や権限が強くなればなるほど、その傾向は強くなる。これまでコンサルティングの仕事を通して何百という会社を見てきたが、この法則に当てはまる組織や人物は少なくなかった。

このように、上からは「少ない権限と多い責任」が移譲され、下からは「多い責任」を期待される。この両者から期待される責任に挟まれる取締役は、構造的につらい状況に置かれやすい。

❖「責任∨権限」はリーダーシップ的に好ましい

だからといって、その反対に取締役が「責任∧権限」の状態を求めたのでは、組織がたちゆかなくなってしまう。取締役というポジションが、社長からも部下からも強い信頼を集めていなければ、組織はうまく回らない。

権限よりも少ない責任で済んでいる状態は、確かに楽だろう。しかし、その状態が長く続けば、徐々に人望は失われ、部下もついてこなくなる。「重役は楽でいいよな」「取締役は双六の上がりだな」というムードが組織内に漂い始める。「明らかに楽をしている」ことは、空気で伝わってしまうからだ。こうなると部下たちは、「俺たちは上役に楽をさせるためにせっせと働くのか？」と考え始め、組織のモチベーションは徐々に低下してしまう。

「責任＞権限」という状態を嘆くのではなく、むしろそれが**「組織にとっては好ましい状態なのだ」**と受け止めて欲しい。そういうリーダーに周囲はついていく。

取締役のリーダーシップというのは、多くの権限を保持することではなく、社員よりも重い責任を背負うことによって保たれる。

POINT

取締役のリーダーシップは、権限よりも責任の重さで発揮されるべき！

4 トップが無理を言える取締役になれ

❖トップの無理難題は取締役への期待のあらわれ

経営は無理難題との戦いだ。理屈や「べき論」では乗り切れないことも多い。そうした「無理」「矛盾」は凝縮されて、トップである社長に覆い被さる。

そんな状況にあるトップには、無理を聞いてくれる右腕・左腕の存在こそ、ありがたいものだ。トップが無理を言えるのは、ほんの一部の取締役に限られる。

社長が無理難題を押しつける取締役は、信頼を寄せているか、「**こいつなら何とかして**

くれる」という期待を寄せている人だ。

無理難題をふっかけられた側はたまったものではないが、それを嫌がらずに、むしろ意気に感じて使命や役割として受け止めることができるかどうか。これができる取締役は社長にとっても会社にとっても、かけがえのない貴重な存在となる。

「人よりも遠大な夢やビジョンを真剣に思い描き、その実現を信じて人を巻き込める」これは経営者に必要な資質の一つだ。他人が「そんなのは無理だ」と感じることでも、「絶対に成し遂げるんだ」という信念を持って、チャレンジし続ける姿勢を持つ人物が多い。

こうした資質を備えたトップほど、どうしても周囲に対する無理難題が多くなる。考えようによっては、**無理難題の多い経営者ほど、成功する可能性が高い**と言えよう。

そもそも、「現状では難しいけれど、会社の将来のために避けては通れない仕事」に取り組むのが取締役の仕事だ。**難易度の低い仕事は部下に任せて、彼らの手に余るような難題に挑むのが、取締役の役割と考えるべきだ**。

「それはキツ過ぎる」と思う人はいるだろう。だが、想像してみてほしい。トップが無理を言えない取締役ばかりの会社は、一体どうなってしまうことか。社長が常に取締役の顔色をうかがいながら仕事を頼んでいる会社が、果たして生き残っていけるだろうか？
トップは会社や社員の行く末を真剣に案じるがゆえに、周囲の信頼できる取締役に無理難題をぶつける。しかし、この無理難題が会社の成長の原動力となるのだ。

POINT

トップから無理難題を命じられたら、それは取締役であるあなたへの期待に他ならない。

5 意見が通るタイミングと空気を読め

❖トップの心中を察する洞察力を持とう

間が悪い、場の空気が読めない。

これはトップとのコミュニケーションを図る上で、最も致命傷である。同じ提案や相談でも、タイミングや場の空気次第では、着地がまったく異なることがある。正規の手続きを踏んで、形式的に定められた手順通りに議案や提案事項を上げたことが、逆に仇になることすらある。

トップも人間だ。その時々に応じて関心事や心配事が刻々と変化している。目の前の関心事や悩みが大きければ大きいほど、それとは無関係な「重要な話」を唐突にぶつけられたのでは、どうしてもイラついてしまう。

みなさんの部下の中にも、「真面目だけど間の悪い人、空気を読めない人」はいないだろうか？　すべてにおいてタイミングがズレる人がいるものだ。そんな人と話していると、「その話を、なんで今するの？」という苛立ちを覚えることも少なくない。

誰よりも多忙、あるいは大きな悩みや心配事を抱えているトップにとって、空気を読めない人に対する苛立ちは、一層大きなものとなる。ましてや自分の脇を固める取締役だとすると、フラストレーションは相当なものだ。

取締役とトップの人間関係において、この「空気を読む力」、つまり「**トップの心中を察する洞察力**」が最も重要であると言っても過言ではない。

提案したいことがあるのなら、まずは相手の関心事を察知し、理解と配慮を示すのを出発点とすべきで、これを飛ばして自分の言いたいことだけを唐突に伝えたら、通るはずの話も通らなくなってしまう。

部下であれ、社長であれ、コミュニケーション上で気をつけるべきことは同じで、「**耳**

は二つで口は一つ」である。

POINT

取締役はトップとの関係において、その心中を察する洞察力が求められる。

6 本質的な信頼関係を追求せよ

❖トップとの信頼関係こそが取締役の仕事の出発点

「**トップから信頼されている**」という感覚があればこそ、そこからモチベーションが生まれ、取締役という重責を担っていくことができる。

もし、トップから信頼されていないとしたら、「取締役なんてやっていられるか」となってしまうだろう。ただ、トップと取締役の信頼関係とは、そう簡単なものではない。この両者における信頼関係は、表面的に迎合する共感や一体感などではない。

直観および感覚の深層の部分で、お互いに「この人なら」と感じ合うものだろう。もし、相手に対して何らかの不信感が生まれる事態が起こったとしても、「きっと何か理由があるにちがいない」と考え、信用しようとする意思だと思う。

とはいえ、現実には、表面的に「頼りにしています」と言っていても、心の奥では「彼は何を考えているのかわからない」と警戒心を持っている例も少なくはない。

ともかく、**社長と取締役の間の互いに対する疑心暗鬼《ぎしんあんき》の気持ちは、経営の最大の敵である**。敵は外にあるのに、経営陣がそんな状態では、組織が内部から崩壊してしまう。

もちろん、最低限の牽制や監視の仕組みは必要だ。しかし、トップと取締役の間の互いへの不信感は、組織を崩壊の危機に晒す。そもそも相互の信頼関係を築けない相手のために、身を挺することができるだろうか？

疑心暗鬼とは、「暗闇を前にすると中に鬼がいるかもしれないと疑いたくなる心」を指している。こうした警戒心や恐れは、人間に備わった自己防衛本能から生じるものだが、トップと取締役がお互いにこの感情を向け合ったままの状態で企業経営を続けていくのは困難であろう。

❖信頼関係を構築していく上で最も大切なのは何か？

①コミュニケーション……多すぎるくらいがちょうどいい

②共通のビジョン・目的・目標……目指すべき共通のものがあれば、些細《ささい》なことで信頼関係は崩れない

③互いへの感謝と相互承認……互いに感謝と信頼の気持ちを忘れなければ大抵のことは乗り切れる

Point

トップ（社長）との人間関係づくりは取締役の仕事のスタート！

本章のまとめ

・取締役は、常に客観的に自己評価をすべきである
・取締役は、さりげなく社長のフォローをすべきである
・取締役は、権限よりも重い責任を担うべきである
・取締役は、社長の無理難題を嫌がらずに引き受ける
・取締役は、社長の心中を察する洞察力が必要である
・社長との信頼関係が、取締役の仕事の出発点である

第7章

できる取締役の共通要素

我々は、自らが積み重ねる行動の集大成である。

アリストテレス（哲学者）

1

人前で話すことに長けている

❖できる取締役の言葉は心に刺さる

取締役は人に何か伝えなければならない立場なので、人前で話すことに長けていなければならない。人前で話すことを通じて人心に影響を与えることは、経営に携わる者として不可欠なコミュニケーション能力である。「苦手だから」という理由で、人前で話すことを避ける取締役に組織を率いることなどそもそも難しい。

簡潔な言い回しでプレゼンテーションができ、相手を説得できる術《すべ》を持っている。大切なことを、短くシンプルな表現でわかりやすく伝えることができる。たった数分のスピーチでも、聞く人のモチベーションが上がり、取り組むべきことが明確に伝わり、すぐさま組織に初動が起こる。そういうスピーチができるようになりたいものだ。

あくまで「伝えたこと」ではなく、「**伝わったこと**」が情報であり、難しい表現やことわざを駆使して長々と話すことは、お偉いさんの自己満足にすぎないと心得ておきたい。

❖話のうまい人はここが違う！

では、話すのがうまい人の共通点とは何か？

「**聞き手の気持ちに寄り添って、伝えるべきことを共感とともに伝えられる**」

これが良い話し手の共通点である。話し手として伝えたいことが明確であることは大前提であるが、それを聞き手の気持ちを汲み取った上で、聞き手の表情を見ながら、適宜、適切な表現を選べるという特徴がある。

日ごろからコミュニケーションが充分にとれていれば、部下の関心事が何なのかを感覚的に理解しているので、彼らの心に響く表現と言葉を選ぶことはさほど難しくない。もし、伝えるべきことやしっくりした表現が思い浮かばないときは、相手の感情を知る必要がある。会議でのスピーチであれば事前に部下の日報を読み返してみたり、外部の講演であれば主催側の企画担当者からヒアリングするなどして、聞き手の感情や目線をできるだけ事前に吸収する。そうすれば「どんな話が刺さるのか」「避けるべき表現や話題」などを察知することができる。

話のうまい人は、実はこういう準備をとことん行っている。表面上はそれを見せないようにしていても、できる限り聞き手の心理を知り、スピーチ時間を加味した上で、序論・本論・結論の組み合わせや順序を巧みに組み立てているのだ。

❖話すのが苦手な取締役はトレーニングと事前準備を！

話すのが苦手な人は、「**聞き手は自分とは無関係な話には興味を示さない**」という前提を理解せず、「ありがたい話」や「美しいプレゼン」をしようとする傾向がある。

誰に、何を、何のために、どんな効果を狙って伝えたいのか。

これを事前にきちんと整理しておけば、人前のスピーチで大きく外して滑《すべ》るようなことは少ない。声のトーンや話し方などはあくまでテクニックであり、これらはトレーニングによって磨くこともさほど難しくはない。

人前に姿を現して自分の言葉と表情で発信していくことで、組織や集団への影響力をより効果的に発揮できる。「人前で話すのが苦手」という理由だけで、取締役がこれを避けてはならない。

POINT

人前で自分の言葉でメッセージを発することができるのは、できる取締役の共通要素！

2
数字が頭に入っている

❖インプットのコツは数字に興味を持つこと

経営が順調な会社の取締役は、例外なく数字に強い。ビジネスで結果を残せる人は、おおむね数字に強いものだ。これは単に記憶力の差ではなく、会社の数字に対する関心の差である。

逆に言えば、自社の数字に疎《うと》い人は、経営への関心が薄いと言わざるを得ない。ましてや、自部門の予実数値すら頭に入っていない取締役に、その数値責任を全《まっと》うできるはずなどない。**数字に弱いことは、取締役にとって致命的な弱点なのである。**好調や不調の前兆や原因は、数字にあらわれるものだ。それを早い段階で数字から感覚的に見極められるまで、数字と向き合っていかねばならない。

また、会社の将来をデザインする際、未来の会社の状態を数字で描けなければ、金融機関や外部協力者はおろか社員すら動かせない。

❖潜在意識にまで刷り込めば数字は頭に入る！

どうしても数字が苦手な方は、**常に意識に刷り込む工夫をすれば良い**。特に追いかけるべき数字データを部分的に抜き出し、それらを「**自分が注視すべき指標数値**」に変換した上で手元に置き、移動時間、待ち時間などに何度も眺めてみる。意識に刷り込まれるまで、その数字が「自分のもの」となるまで向き合う。

目標として達成すべき、あるいは改善すべき対象の数値指標は、潜在意識に刷り込まれて初めて行動となってあらわれる。意識に入り込んでいなければ、行動や思考にあらわれないのだ。
取締役の数字意識が曖昧なのに、社員が予算達成に真剣になることはない。

POINT

数字に弱い取締役は経営に対する関心も低い！
自分なりの方法で数字に強くなろう！

3 〝品格〟を身にまとっている

❖取締役の品格を見れば、会社の品格もわかる

会社には品格というものがある。経営者や取締役の品格は、会社の品格そのものとなる。

「重役の品格とは何か」について、これまでお会いした方々の共通項からパターン化すると、「**身にまとった威厳の中にも、謙虚さと親しみやすさがある**」ということである。

堂々とした威厳やオーラを身にまとっていても、誰に対しても分け隔てなく丁寧で謙虚で気さく。相手を見据える目線は鋭くも優しく、質問上手で聞き上手だが伝えるべきことは

しっかり端的に伝える。これまで数々お会いした重役の方々のなかで、その品格とともに深く記憶に残っている方にはこうした共通点がある。

こういう品格を有する取締役は、その人物を役員に据えたトップの器がそれ以上に大きいことを想起させる。取締役の品格はトップの品格を想起させ、それが会社全体の品格として印象づけられる。したがって、「**この会社にふさわしい取締役として、自分を周囲にどう印象づけるべきか**」を突き詰めていけば、自らがどうふるまうべきかが自ずと見えてくる。

❖無意識のうちに品格を失わない

逆に、品格を欠く取締役にはどんな共通点があるのか。

そもそもそういう方が取締役でいられる確率は低いのだが、少ないサンプルから整理すると次のようになる。

・自社の社員やトップのことを話題にして腐《くさ》す
・目下や業者には横柄で、上役や得意客には低姿勢
・著名人との交友関係を笠に自分を大きく見せる
・話題に下ネタが多く、深みがない

もともとこういう人は取締役になれないので、おそらく就任した後に地位や立場に甘んじてしまい、無意識のうちに品格を失ってしまったのかもしれない。そうならないよう、常に襟を正して自らを省《かえり》みなくてはならない。

❖身なりと姿勢

思考や価値観などの内面は、自然と外面にも滲《にじ》み出る。威厳と謙虚さを兼ね備えることが品格ある取締役の共通要素だとすれば、それは服装や姿勢にも自ずとあらわれるものだ。

また、**会社の顔である取締役として、社員や顧客に受け容れられる身なりや姿勢を保つの**

は最低限のマナーと言える。

よく新入社員研修などで、おしゃれと身だしなみの違いについて教えられているが、言うまでもなく、おしゃれは自分が好きなものを身にまとうことであり、身だしなみは立場や職業やＴＰＯにふさわしい身なりや姿勢を整えることである。これを取締役にもなって履き違えると、そのマイナス影響は本人だけでなく組織全体に及ぶことになる。

ベンチャー企業などの若い役員が、この使い分けができずに自身ばかりか会社の印象まで著しく劣化させてしまっているケースは少なくない。

とあるベンチャー企業との取引でのことである。営業マンは身だしなみも比較的きちんとできているのに、そのクレーム対応に上役の取締役がジーンズにＴシャツ姿で颯爽《さっそう》と登場するという場面に出くわしたことがある。「これが私のアイデンティティ」と言わんばかりの自己主張ぶりではあったが、これには怒りを通り越して完全に閉口してしまった。

身だしなみとは、仕事に臨む心構えや、顧客及び社員に対する姿勢と気持ちを表現するものである。会社の顔である取締役がこれを認識しなかったことで毀損《きそん》させた会社の印象や顧客からの信頼は、修復するのに相当な時間と労力を要する。

取締役になると、自分を律してくれる人が少なくなるからこそ、誰から見てもわかる身なりや姿勢は意識的に自律しなければならない。

POINT

品格、身なりは最低限のマナー、取締役らしいふるまいを忘れてはいけない。

4 他社のベンチマークを身銭を切って行う

❖プライベートで使ってみてわかる競合の製品・サービス

「ウチには競合となる会社は存在しない」という話を聞かされることがある。しかし、実際のところ、競合のない会社などほとんど存在しない。業界内競合はもちろん、新規参入の脅威もあれば、代替品が登場する可能性もある。業界の中だけでなく、意識的に視野を広げてベンチマークしなければならない。

時には、身銭を切って自社やベンチマーク先の商品やサービスを実体験してみる。これは、現場を離れた取締役が現場感を磨く上で最良のメソッドである。

また、これに**会社の経費ではなく身銭を切るということが、自分自身の感度や観察力を高めることになる。**身銭を切って体験したからこそ気づくことがあり、それによって研《と》ぎ澄まされる感覚というものがある。

自社やベンチマーク先の現場を、実際の客として体感することで着想を得て、それを自社の経営に生かすことができるのだから、家族や友人を巻き込んででも積極的にこれを日々実行するのが良いのではないだろうか。

POINT

時にはポケットマネーを使って、競合の製品やサービスを使ってみよう。

5 時間の使い方を知っている

❖自分の時間だけでなく、他人の時間も大切にする

取締役となると、自らのペースで部下の時間やスケジュールを動かす場面が多い。いわば取締役は「人の時間を支配する立場」にあり、ともすれば無意識のうちにそれを濫用しかねない。だからこそ、「**人の時間を無駄にしていないか**」を常に意識しなければならない。

自分の時間が有限であるのと同様に、部下の時間も有限であり、そこには当然、会社の

コストが発生している。自分の時間も部下の時間も貴重な経営資源であって、これを自分の都合や段取りの悪さで浪費することは許されない。取締役の采配ミスによって生じた多くの部下の稼働時間ロスは、人時《にんじ》生産性を悪化させ、それがコストに跳ね返って自社の競争力を低下させるのだ。

したがって、部下の限られた時間が「**価値ある仕事**」に振り向けられているかどうかを、自分自身と周囲の管理職に問い続ける必要があるのだ。

自分の都合で高頻度に多くのメンバーを招集している会議体、外部の人と会うときにとりあえず誰かを同席させる癖、保留したままの承認事項や稟議、自分の返事待ちで止まっている業務、放置したままの部下からのメール、自分都合の突発的なスケジュール変更で秘書や部下を振り回す……。

これらはすべて、重役である取締役が無意識に周囲の時間を奪っている例だが、思い当たる節はないだろうか？

こうした時間をできるだけ減らし、付加価値を生む仕事に充てさせる。それだけでも、周囲のモチベーションや生産性が高まるはずだ。

❖できる取締役は自分の時間の3割を部下のために充てている

取締役には多くの相談や判断が周囲から求められる。そのための時間を確保しておくことで、周囲の仕事も捗《はかど》るようになる。

スケジュールを隙間なく埋めて「効率的にフル稼働」というのは確かによく働いている気分にはなるが、そんな取り付く島のない上役には相談や判断をもちかける隙もなく、部下からすると業務停滞要因のひとつとなる。

自らの稼働時間の2〜3割はオープンにしておき、部下や周囲が声を掛けてもいい雰囲気を作り、**「突発的な相談や判断にも快く応じる姿勢」**をあえて見せるくらいがちょうど良いのではないだろうか。

そういうときは、しかめっ面でパソコンに向かうのではなく、**「今なら話しかけてもいいよ」**という穏やかな雰囲気を意識的に醸し出すことも大切だ。

❖自己投資への時間配分を

実はあらゆる投資の中で、**自己投資は最も確実で大きなリターンが得られる**ものだ。

金融商品や不動産への投資には、元本や利回りの保証はない。一方、自己投資は確実に有益なリターンを生む。取締役の場合、それが会社の成長へと直結していくので、リターンはさらに大きくなる。

ビジネスや経営において、無知というのは恐怖でありリスクでもある。その無知を減らす唯一の手段が「**学ぶこと**」である。資産や財産は確かに大切だが、自分や会社の将来につながる知識や知見も、それら以上に大切な財産ではないだろうか。

学ぶことにいかに自分の時間を投じることができるか。おそらく取締役クラスの方々にとっては、「何かにお金を投じること」よりも「時間を投じること」のほうがむしろ難しいのかもしれない。ただでさえ多忙な人が、自己投資を継続するモチベーションを保つのは簡単なことではない。継続のモチベーションにはそれを支える目的と目標が必要であり、

「自己投資を通じて習得したい知識や知見」を常に明確にしておく必要がある。

自分自身と会社の未来を創るために、自分の時間を何に投資するのか？　これを普段からイメージすることである。

POINT

時間の有効活用はできるビジネスパーソンの条件。とりわけ取締役は部下育成や自己投資に時間を使うべきである。

6 自社株を買うのは、経営者への第一歩

❖自社株を買うのは経営者への第一歩

上場企業の取締役である場合は、**自社株を購入する**ことをお勧めする。

当然、インサイダー取引に該当しないよう所定の手続きやルールを踏む必要はあるが、インサイダー取引規制等のコンプライアンスを遵守する限り、上場会社の役員が自社株を売買することには何ら問題はない。

念のために触れておくと、取締役は、金融商品取引法のインサイダー取引規制に加えて、

163条（売買報告義務）、164条（6カ月以内の売買差益の提供）、165条（空売禁止）の対象になるので、細心の留意が必要ではある。

もし、役員持株会などの制度が自社にあれば、それを利用して自社株を取得するのが好ましい。確かに、自社株に偏った資産形成はリスクが大きいので、資産のポートフォリオバランスは最低限図るべきではあるが、取締役という立場を考えれば、**できる限りのリスクテイクをした上で自社の経営にコミットすべき**である。

会社の価値向上と自身の資産形成とをリンクさせることで、事業へのモチベーションを高められるだけでなく、オーナー経営者の感覚や株主の目線を得ることができ、一層真剣に自社の価値向上に臨めるようなる。

自己の資産形成目的で無関係な他社株に投資し、その決算やIR情報にいつも関心を奪われているようでは、自社の経営はおぼつかない。

取締役は一般株式投資を通じた資産形成よりも、**自社の価値向上を通じた資産形成を最大の関心事にすべきであろう**。

POINT

会社の価値向上と自身の資産形成をリンクさせることで、オーナー経営者感覚と株主目線を得て、事業に臨める。

7

心や考え方を整える術としての読書を心がけている

❖心や考え方を整える術としての読書を心がける

よく「どんな本を読めばいいですか？」「おすすめの本はありますか？」と部下から尋ねられることはないだろうか？

筆者はこうした質問には、「**今の自分に必要な本は、自分で探すべし**」と答える。たとえば、体得すべきスキルや考え方などは取締役と現場リーダーではまったく違うし、抱えている悩みや課題も次元が異なるからだ。

取締役レベルになると、「知識やスキル」などのハウツーもさることながら、**「考え方や心の持ち方」**のほうが、体得したりコントロールすべき対象としての比重が大きくなる。考え方や心の持ち方というのは、自分の内側にあるものだが、自分ではコントロールしにくい。また、それらは人との関わりや様々な出来事を通じて形成されていく。しかし、人間はもともと弱い生き物なので、心がブレたり、沈んだりすることもある。突如、間違った考え方に浸食されることもある。

取締役の「考え方のブレ」や「沈んだ心」は、会社や組織の低迷や迷走に直結する。だからこそ、**取締役は自分自身の考え方や心の拠《よ》り所となる愛読書を持っておくべきだし、また、自然と持つようになる**。

哲学や思想の本、あるいは古典の場合もあるかもしれないし、尊敬する経営者や歴史上の偉人の訓示かもしれない。何を拠り所にするかは本当に人それぞれなので、取締役としての自分がしっくり来る世界観や価値観と出会い、定期的に書籍を通じて触れることで自分の内面を整えることをお勧めしたい。

POINT

取締役になったら、
自分の内面を整えてくれる術としての読書を心がけよう。

8 独自の情報収集ルートを持っている

❖本当の情報源はメディアではなく、自分のネットワーク

優れた取締役は、自分なりの情報源を持っている。意外なことに、経済紙やメジャー経済誌はさほど読んでいないという方も少なくない。なぜなら、それらは一般に知れ渡った二次情報、三次情報に過ぎないからだ。ダイレクトな情報源として独自のルートやアンテナを持っていて、新聞、雑誌などのマスメディアの情報はさほどあてにしていないのだ。

新聞各紙を読み漁るのも良いが、自分にとって特に重要な分野やテーマに関しては、**独**

自の情報網を築き、深い情報を集める必要がある。新聞社やマスコミが知り得ない情報や彼らが発信しない情報を入手できるネットワークを築いておくのだ。

こうしたネットワークを築くことはすなわち、その分野に精通した人物との人脈を維持することであり、自分もその人脈に対して有益な情報をフィードバックできる人間であり続けるということだ。周囲への積極的な情報発信を意識すれば、自らへのインプットを心がけるようになり、様々な事象にアンテナが立つようになって自らの情報の受信感度も高まる。

有用情報を自らインプットしてそれを積極的に発信するからこそ、相手からもそれと同等以上の情報が得られるのだ。

POINT

取締役になったら、マスメディア以外の、自分だけの情報源を持とう！

9

社会的な力は人脈の大きさに比例する

❖人脈とは、双方に有益な関係性のこと

前項で述べた情報網は、普段からこつこつと人脈を築いてきた成果に他ならない。人脈の力は、情報力だけにとどまらない。その人の持っている社会的な影響力が人脈を広げる後押しになり、またその人脈がさらに自身の影響力を形成していく。

取締役になると社内人脈は自然と形成されていく。社内人脈を形成することは、業務をスムースに進める上でも、セクショナリズムを回避する上でも、一定の意味はある。

ただ、社内人脈だけをどれだけ広げても、入ってくる情報や知見は同質なものばかりで、下手をすると狭い世界の偏った考えに自分自身を閉じ込めてしまう。いつの間にか、保守的な井の中の蛙《かわず》になってしまうようなことは避けたい。

せっかく取締役になったのだから、積極的な外交を心がけたい。会社を代表する重役の立場になったのだから、それを生かして**相応レベルの人と会うように意識する**。すると徐々に社外人脈と一次情報が増え、それが社内への影響力となり社内人脈も増えていく。

ただし、この社外人脈とは、単に名刺交換した人の数ではない。双方にとって有益な関係性で、互いに「また会いたい」「連絡を取り合いたい」と思える相手との関係性のことである。**自分が求める人脈はどんな方面の人で、自分はその人のどんな役に立てるのかということを、日ごろからイメージしておく必要がある。**

❖人脈を磨くには、自分自身のレベルアップも必要！

本質的には、人脈とは自分のレベルを高めないことには広がらないものである。自分のレベルを上げていけば、つき合える相手のレベルも自ずと上がり、そして数も増えていく。

では、自分のレベルを上げるとは、どういうことか?

周りの人に貢献できるものを増やし、可能な限りそれを与えていくことである。周囲に貢献できることや与えられるものが増えていくと、人脈や人間関係の質も自ずと高まっていく。人脈が続くのは、その関係性にお互いにメリットがあるからである。相手に貢献することなく、自分の利益のためだけに人との接点を作っても、それは決して人脈にはなり得ない。

「人脈が広い」ということは、それだけ人を大切にしているということである。

人を大切にする人ほど、人から慕われ、多くの人脈を持っているのだ。

POINT

取締役には取締役にふさわしい人脈がある。それには自分自身のレベルアップが不可欠!

10 ストレスをエネルギーに昇華させる

❖できる取締役はストレスをエネルギーに変換している

「逃げられない、やむを得ない状況に自分を置くことが、自分を一番成長させる」

これは故・船井幸雄の言葉だ。

逃げられない状態。経営者でいるということは、その最たるものだ。会社を作って経営者となってしまったら、会社が倒産するまでは逃げることができない。こうした逃げられない状況に置かれると、自ずと人として成長するし、賢くもなる。

ビジネスパーソンとして生きていくことは、**「ストレスとの折り合い」**の連続でもある。会社組織では、たくさんのストレスがそこにいる人に降りかかるが、こうした組織特有のストレスは役職や地位が上昇するにつれて大きくなり、取締役にかかるストレスは極大となる。

一般的に、ストレスは好ましいものとは考えられていない。しかし、適度なストレス、緊張によって人間の肉体や精神は鍛えられる。

ストレスを感じるということは、それだけ有意義な仕事や重要なポストに携わっているという捉え方もできる。

したがって、**ストレスを回避しようとするよりも、それを必要必然と捉えてポジティブに取り込んでしまうことのほうが現実的であり、結果として、自分を成長させる対処法なのだ。**

優れた取締役は、こうしてストレスとうまくつき合っている。ストレスをむしろエネルギーに変える術を心得ているのだ。ストレスをうまく取り込んでエネルギーに変えることができれば、次のステージへと上ることができるのだ。

ストレスを感じたら、自己変革を通じてそれを克服してステージアップする。実は、この繰り返しなのだ。

POINT

取締役は、ストレスをポジティブに取り込んで、エネルギーに変換する術を心得るべきである。

本章のまとめ

・できる取締役は、スピーチがうまく、数字に強い
・できる取締役は、品格を身にまとっている
・できる取締役は、身銭を切って他社の研究を行う
・できる取締役は、時間の大切さを知っている
・できる取締役は、自社株を買って経営センスを磨く
・できる取締役は、心や考え方を整える読書を心がけている
・できる取締役は、独自の情報源を持っている
・できる取締役は、人脈拡大のために、自分自身を磨いている
・できる取締役は、ストレスをエネルギーに変えられる

おわりに

社長と取締役の間、そして取締役とその部下の間には、立場や視点の違いから様々な確執や意識のズレが生じる。そうしたズレが相互の不信感に発展し、組織が上から崩れてしまうのは見るに耐えない。

夫婦仲が悪い家庭では子供が健全に育たないように、**経営陣に相互の信頼関係がない会社で、組織がまともに動くわけがない**。会社という生き物を育て、動かし、そしてその価値を高めていく上で、トップが意識すべきことは多々ある。同様に、その女房役の取締役にも、心得ておくべきことや意識すべきことが山ほどある。

ここで難しいのは、取締役というのは「**トップとの関係性においてそのあるべき姿が定まっていく**」という部分である。周囲との関係性において自らの役割が形成されるという意味では、我々組織人はみな同じではあるが、特に取締役という立場はトップとの関係性の中で自らの役割や立ち位置が定まっていく部分が大きい。

経営はトップを中心として動き、仕事は現場を中心に回る。こうした中で、自らの立ち位置や役割について悩む取締役の方々と話をする機会が多く、何とかお役に立ちたいという思いで、筆を執ることにした。

他方で、優秀で意欲あふれる取締役を抱えながら、彼らとの人間関係に悩むトップも少なくない。いろいろ言いたいことはあるけれど、うまく伝えられない。そういったトップの代弁者としての役割も、本書で同時に持たせたかった。

これからの経営は、スピードの速い激しい変化の波に晒されていく。このようなときこそ、**経営陣の信頼関係の真価が問われる**。好調時には潜在している問題は露呈せず、それでもそこそこはやっていけるものである。しかし、トップと取締役の間にあるのが表層的な信頼関係だけの場合、マイナス局面や危機に直面するとそれは瞬く間に崩れて去っていく。互いが「自分は悪くない。悪いのはアイツだ」と、自分の保身と味方作りに走ってしまう。

将来の予測が難しい時代だからこそ、**互いの信頼関係と絆を強固なものとし、危機を乗り越えてほしい**。これができる企業にとって、これから迎える変化の時代は逆に大きなチャンスともなり得る。

【著者紹介】

柳楽仁史（なぎら・ひとし）

株式会社船井総研コーポレートリレーションズ 代表取締役
兵庫県出身。関西学院大学商学部卒業。1992年船井総合研究所に入社。株式会社船井情報システムズ代表取締役常務、株式会社船井総合研究所執行役員社長室長、株式会社船井総研ホールディングス執行役員CSR・IR室担当などを経て、現職。内部マネジメント業務の責任者を歴任する傍ら、経営コンサルタント業務にも従事、幹部社員教育や社員の自発性を誘発する自活組織づくり、新規事業の開発と展開などに数多く携わる。
主な著作に『デキる社員は社長を使う！　幹部社員のための社長の「使い方」と「仕え方」』『フナイコンサルティングマニュアル』（編集責任者）『不動産会社はワインを売れ！　今すぐ客単価を伸ばせる新発想』『ストーリーでわかる部下のポテンシャルを120%発揮させる「やる気」のルール』（以上、すべて総合法令出版）などがある。

〈船井総合研究所オフィシャルサイト〉
http://www.funaisoken.co.jp/
〈船井総研コーポレートリレーションズ オフィシャルサイト〉
http://fcr.funaisoken.co.jp/

〔新版〕取締役の心得

2014年8月6日　初版1刷発行
2018年9月19日　新版1刷発行
2022年2月16日　新版4刷発行

著　者　柳楽仁史
発行者　野村直克
発行所　総合法令出版株式会社
〒103-0001　東京都中央区日本橋小伝馬町15-18
EDGE小伝馬町ビル9階
電話 03-5623-5121（代）

印刷・製本　中央精版印刷株式会社

落丁・乱丁本はお取替えいたします。

ISBN 978-4-86280-639-0
総合法令出版ホームページ　http://www.horei.com/